英語学：現代英語をより深く知るために

―世界共通語の諸相と未来―

菊池清明 ［編］

谷明信・尾崎久男

新川清治・唐澤一友

堀田隆一・小池剛史

南條健助・福田一貴

貝塚泰幸・岡本広毅

小笠原清香・玉川明日美

濱田里美・小河舜

Those who know only one country know no country.

（Seymour Martin Lipset, 1922-2006）

はしがき

　英語は、今や**世界共通語**としての地位を築きつつあり、英語を学ぶ人の数は毎年増大しています。にもかかわらず、大学にさえ英語がどのような言語なのかを複合的な視点から学ぶことのできる講義や機会はほとんどありません。しかし、皆さんが、将来、英語史、英米文学、英米の演劇、文化、歴史、政治、経済、そして音楽といった様々な分野に関心を持ち、学習し、研究する場合、あるいは社会で様々な職業に従事する場合でも、その根底にある英語という言語についての基本的な知識はとりわけ重要です。

　本書は、今後専門課程において、英語学、英語史、そして英米文学を学ぶ上で、必要不可欠あるいは理解しておけば大いに役立つと思われる現代英語の背後に潜む言語現象、言語・文化事情、そして重要な用語について解説した入門書です。まず、**現代英語についての基本的な知識を**通して、その歴史や構造、そして特質に興味を持ってもらい、英語をより深く理解してもらえるように、それぞれのトピックを出来るだけわかりやすく解説・紹介しています。肝要なことは、限られた研究領域のみを専門的に学習する前に、**英語を取り巻く複合的な言語・文化の状況に**ついて、できるだけ広く学習し、将来、英語にかかわるどのような研究領域でも柔軟に対応できる姿勢を涵養することです。

　現代英語の諸相に様々な視点から光をあてて、皆さんがこれから長くつきあうことになる英語という言語について、本書を通して共に考え、知識を深めたいと思います。本書が提供する、**現代英語の特質や問題点、**

[2]

はしがき

英語の歴史的・文化的背景、英米の音楽、ファンタジー文学、聖書、地名、姓名、そして用語や理論についての知識が、これからの英語という言語、そしてその文化・文学の理解と学習に思わぬ効果を皆さんにもたらすことを確信しています。

　いくつかの項目には、関連する事項についての課題がついています。これは、これらの問題を解くことによって、敬遠しがちな難解な用語に親しんでもらうための工夫としていれたものです。これらの問題を自分で解きながら、それぞれの項目が設けられた理由を考え、内容を把握してみてください。また、**各項目には、注や★の印をつけて、専門的な説明やより詳細な情報が提供**されていますので、関心のある人は大いに利用してください。

　最後に、本書を通して、皆さんが将来にわたって英語という言語とその文化・文学に、さらには母語である日本語に興味と関心を持ち続けるようになることを、私たち執筆者一同、心から希っています。

＊

　本書は、2008 年に執筆者が勤務する複数の大学で使用するために出版され、学生諸君から概ね好評を得て再版を重ねてきました。その際には、浪漫書房の西村公正氏に大変お世話になりました。心より厚く御礼を申し上げます。

　今回、大幅な改訂を機会に、英語学、英語史研究における国際的な研究者である、唐澤一友・堀田隆一・小池剛諸氏に加え、谷明信・尾崎久男・新川清治諸氏、また我が国で最も好評を得ている英和辞典の発音を担当している南條健助氏、さらには福田一貴・貝塚泰幸両君のほかに、新進気鋭の若い中世英語英文学研究者である岡本広毅君を新たに執筆者

に迎えることができ、春風社から出版される運びとなりました。

　各人の章の内容は少なくとも二人以上が検討し、項目の選定、執筆分担、章立て、各章の補足、全体の用語と文体上の統一については、菊池が当たりました。特に、新川清治・唐澤一友両氏は、原稿のとりまとめの労をとり、岡本広毅君は、索引の作成を担当してくれましたが、その真摯な助力は有難くうれしいものでした。立教大学大学院博士課程後期課程に在籍中の小笠原清香・玉川明日美・濱田里美さんにも執筆してもらい、校正についても協力を得ることができました。同前期課程の小河舜君も研究成果を提供してくれました。原稿の整理については、同博士課程前期課程の金井祐樹・伊東貴史両君のお世話になりました。これらの方々に心から感謝の意を表します。

2016 年 3 月 菊池　清明

目　次

はしがき …………………………………………………………………………… 2

Introduction ──現代英語の特質と研究分野 ………………………………… 7

1章　豊かな借用語と多文化性・多民族性（1）……………………………… 13

2章　豊かな借用語と多文化性・多民族性（2）……………………………… 19

3章　英語の広がり、そして世界共通語としての英語（1）
　　　──英語とイングランドの歴史的成り立ち ………………………… 23

4章　英語の広がり、そして世界共通語としての英語（2）
　　　──英語とポップ・ミュージック …………………………………… 27

5章　英語の広がり、そして世界共通語としての英語（3）
　　　──英語とファンタジー文学 ………………………………………… 31

6章　英語の広がり、そして世界共通語としての英語（4）
　　　──Pidgin English と Creole English ……………………………… 35

7章　Analogy（類推作用）…………………………………………………… 39

8章　つづりと発音のずれの問題（1）
　　　──Great Vowel Shift（大母音推移）……………………………… 43

9章　つづりと発音のずれの問題（2）──「インク壷」用語
　　　（inkhorn terms）および語源的つづり字（etymological spelling）…… 48

10章　つづりと発音のずれの問題（3）──economy of effort
　　　（労力の節約）と assimilation（同化作用）………………………… 52

11章　i-mutation（i 母音変異）と英語の歴史 …………………………… 55

12章　口語英語の特質──弱形、そして Politically Correct Terms ……… 58

13章　屈折と現代英語の単純化 …………………………………………… 64

[5]

14 章　広がる Political Correctness ──現代英語とジェンダー ················· 67

15 章　実際の英語の発音はどのように聞こえるか

　　　　──英語音声学入門 ·················· 71

16 章　アメリカ英語の成立 ·················· 76

17 章　聖書と英語 (1) ──聖書の英語訳と英語の変遷 ················· 80

18 章　聖書と英語 (2) ──聖書とイギリスの文化・文学 ················· 83

19 章　英語史における主要時代区分 ················· 91

20 章　辞書の中に見る英語の諸相 ················· 93

21 章　複合・派生と現代英語における豊かな語彙 ·················99

22 章　*OED* と世界共通語としての英語 ················· 103

23 章　British English (Queen's English) と American English

　　　　(President's English) ·················· 108

24 章　意味の下落・向上と英語の歴史 ················· 113

25 章　意味変化と英語の歴史 ──*fast* の意味変化 ················· 120

26 章　英語史とコーパス言語学 ················· 126

27 章　英語の中のケルト ──English と British ················· 133

28 章　イギリスの地名と英語史 ················· 138

29 章　英米人の名前と多民族性 ················· 143

30 章　婉曲表現と英語史 ················· 147

31 章　英文の構造 ──語彙力だけでは英語は分からない ················· 149

32 章　現代英語と語源 ················· 155

索引 ················· 159

参考書目 ················· 172

執筆者紹介 ················· 181

Introduction ——現代英語の特質と研究分野

1. 現代英語の特質

　以下の長所と短所をよく認識した上で、現代英語を学ぶことが重要であり、効果的といえます。本書では、どのような経緯と歴史的な変遷の中で、現代英語がこのような特質を持つようになったかを意識しながら、それぞれの項目について考え、新しい知識を習得し、学習してください。

　　現代英語の長所：
　　　1) 豊かな多くの借用語
　　　2) 文法上の性の喪失
　　　3) 格の消失

　　現代英語の短所：
　　　1) つづり字と発音のずれ
　　　2) 慣用表現の多さ

★ 本書で扱う各章は、上に挙げた**現代英語の長所と短所に関する項目を中心に構成**されています。また、その項目に関連する事項や、現代英語の長所と短所について取り扱った**項目をより複合的な視点から理解できるように、歴史的・文化的背景についてのトピック**も幅広く取り上げています。

2. 伝統的な英語教育の内容

　伝統的な日本における中学高校の英語教育は、これまで文法、発音、

単語を中心にした知識を問う、いわゆる受験英語と主に書き言葉に対応したものでした。しかし、英語学と英語教育に関連する研究領域は、実に広範囲にわたっていることを理解しましょう。

3. 英語学研究領域

音　　　音声学：舌・歯・唇・口蓋・声帯といった調音する場所によって**どのように発声されるのか**を研究。

　　　　音韻論：発話に基づく音が、**言葉の構成要素としてどのような働きをするのかという機能の側面**を研究。音声学との相違は、音声学があくまである発話の「音」そのものに焦点をあてるのに対し、音韻論は、**音声のより抽象的な側面**に焦点をあてる点にあります。

文法　　形態論：**語と語の間の意味的・形態的な関係や、語の内部構造**についての研究。例えば、reversible［裏返しても使える］という語の場合、re-（反対に）、versi-（回る）、-ble（できる）という三つの形態素から構成されています。

　　　　統語論：**語と語との組み合わせ、そしてその組み合わせによる句や文との相互関係**についての研究。

意味　　意味論：統語論の単位である語、句、文、そしてさらに

大きな談話テキストなどが持つ意味を研究する分野。

語用論： 言語表現とそれを用いる使用者や文脈との関係についての研究。例えば "Excuse me, can you tell me the way to the station?" という発話は、形式の上では yes/no 疑問文であり、意味論からは教える能力があるかどうかを尋ねていると解釈できますが、意図されている内容は教えてほしいという依頼です。"Yes, I can." と答えて立ち去ってしまうとおかしな会話になってしまいます。これらの現象が語用論の研究対象となります。

4. 関連領域分野

英語学には多くの関連する領域分野がありますが、その目的は、英語という言語、さらには言語一般の本質を考察・研究することにあります。理想としては、それぞれの分野が、独立するのではなく、相互補完的に情報を共有し、言語の本質についての理解に結びつけるよう協力しあうことでしょう。

英語史	応用言語学	脳言語学
英米文学	社会言語学	心理言語学
英語教育学	歴史言語学	認知言語学
文体論	一般言語学	コーパス言語学
生成文法	文法論	言語習得論

5. 現代英語の諸相

現代英語といっても、様々な諸相があります。

マスコミ英語（新聞・雑誌・テレビ・ラジオ）

ビジネス英語

口語・文語英語

方言英語（イギリス・アメリカ・カナダ・オーストラリアなど
を含む）

ピジン英語

クレオール英語

文学作品英語（散文・韻文）

学術科学英語（医学・哲学・数学など）

更には日本における受験英語

★ 現代英語の諸相を図で表すと、その多様性がよく理解できます。

Introduction

★ 中学高校で学習した英語についての内容と比べると、その未知の部分がいかに大きなものかわかると思います。**現代英語の特質**をもつようになった**英語の変遷の道のり**や関連分野の知識を身につけることで、今までは気づかなかった**英語の新しい側面を見ることができる**ようになります。

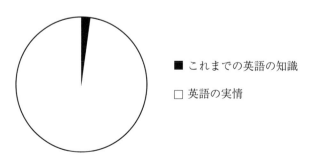

1章　豊かな借用語と多文化性・多民族性 (1)

1. イギリスの国名と国旗にみる多文化性・多民族性

1) 英語の語彙における多文化性：イギリスの国名の中にそうした要素が見られます。

　　イギリスの正式な国名を言えますか？
　　_____

2)「イギリス」を構成する4つの国を挙げてください。

　　_____

3) 英語のみならず、日本語に直しても、世界で最も長いイギリスの国名とイギリスが4つの国から構成されていることからも、英語という言語に内在する**多文化性**と**多民族性**の一端を理解できるでしょう。その点を象徴的に表している国旗、通称**ユニオンフラッグ**といわれるものも、イングランド（聖ジョージ旗）、スコットランド（聖アンドリュー旗）、アイルランド（聖パトリック旗）のそれぞれの旗を複雑に合体させたものです。

★ ユニオンフラッグにウェールズの旗が取り入れられていないのは、すでに13世紀末にはウェールズがイングランドに服属し一体化していたためです。

ちなみに、**イギリスの正式国名**は、英語では、

"United Kingdom of Great Britain and Northern Ireland"、日本語では、
「グレートブリテン及び北アイルランド連合王国（略称、**連合王国**)」
といいます。

2.　豊かな借用語と類義語（現代英語の特質）にみる多文化性・多民族性

　ブリテン島侵略の歴史：**ケルト人、ローマ人、アングロ・サクソン人、スカンディナヴィア人**、そして**フランス人**といった様々な民族の侵入により、アングロ・サクソン人の話していた英語が様々な外国語の影響を受け、語彙をはじめとして、言語の性格を大きく変化させました。

1）借用語と類義語の問題点

　　英語はこのように**様々な民族の侵入による言語接触や文化的交流**を通して実に多くの単語を外国語から借用して、その結果、**類義語・同義語（synonym）**を持つことになり、現代英語はそれを大きな長所の一つとしています。しかし、同時にこの点は英語を第二言語として習得する者にとって大きな障害となっていることも見逃してはいけません。

　　一つの概念に対して

　　英語本来の語彙　＋　ラテン語系やフランス語系の学識語彙

　　という複数の語彙が存在します。

　　例えば、「住む」という意味の単語には、**類語辞典（thesaurus）**は次の4つの単語を挙げていますが、それぞれの意味も用法も微妙に違っています。

[14]

live（最も一般的：**本来語**）

dwell（幾分文語的本来語）

reside（きわめて格式的な正式用語・気取った感じ：ラテン語起源
の**フランス語系**）

inhabit（正式用語：ラテン語起源のフランス語系）

2）複数の類義語が生き残るためには、それぞれの語が特異の意味・
用法を発達させる必要があります。ここで reside、inhabit における、
違いを見てみましょう。

・reside：比較的長い期間住む場合

He resides abroad now.

・inhabit：主語が人間・動物の集団をあらわす場合

○ Those birds inhabit tropical forests.

× John inhabits the house.

★ 英語を母語としない学習者が現代英語をより深く理解するために
は、こうした語彙の微妙な差異と用法を理解することがとりわけ
肝要となります。

3. 英語の外国語借用と英語学習の課題

1）英語は借用語に対して非常におおらかで、**多くの外国語を現在も
導入**し続けています。

2）英語の語彙は借用語の増加で豊かになりましたが、そうした語彙
を正確に使いこなすのは native speaker of English にとってもきわ
めて難しいことです。

3）**英語のユーモアや婉曲的な表現の背景には、類義語の微妙な使い**

分けがあります。

4) 真の英語理解にはこのような豊かな英語の語彙にみられる陰影を熟知することが求められます。

Exercise 1： 以下の文章を、「住む」という共通の意味をもちながら、微妙な意味の違いがみられるそれぞれの動詞に注意して訳してみてください。

1) My friend's family live in the house.

   訳：＿＿＿＿＿＿＿＿＿＿＿＿＿＿＿＿＿＿＿＿＿＿＿

2) The prominent writer still dwells in the high-class residential area.

   訳：＿＿＿＿＿＿＿＿＿＿＿＿＿＿＿＿＿＿＿＿＿＿＿

3) The Japanologist made up his mind to reside in Kyoto.

   訳：＿＿＿＿＿＿＿＿＿＿＿＿＿＿＿＿＿＿＿＿＿＿＿

4) Those mammalian species used to inhabit the ocean.

   訳：＿＿＿＿＿＿＿＿＿＿＿＿＿＿＿＿＿＿＿＿＿＿＿

Exercise 2： 類語辞典（**thesaurus**）で、「**beautiful**」を調べると、多くの類義語が見つかります。それぞれの単語の語感を考慮して、以下の空欄に最も相応しい形容詞を選んでください。ただし、単語はそれぞれ一度しか使わないこと。

1) She is a（　）woman.

2) What a（　）lady she is!

3) We met with many（　）girls.

4) Meg Lion might be rather called（　）than beautiful.

[16]

1章　豊かな借用語と多文化性・多民族性 (1)

5) How (　) mankind is! O brave new world, that has such people in it.

6) A good dancer has to be (　).

7) We saw a (　) rainbow.

8) The queen's crown was (　).

a. comely　　*b.* lovely　　*c.* graceful　　*d.* beautiful　　*e.* gorgeous

f. exquisite　*g.* beauteous　　*h.* fair

★ 他にも、「beautiful」の類義語としては、enchanting, fine, good-looking, heavenly, picturesque, mellow など多くの単語があります。それぞれの単語には、その意味合いにおいて微妙に異なる趣があることを辞書で確認してみてください。

Exercise 3：　次の**英語本来語**にあたる**フランス語系**の単語を考えてみましょう。

	英語本来語	/	フランス語系
1)	bull	/	
2)	pig	/	
3)	sheep	/	
4)	deer	/	

★ 英語は、特に**ノルマン人のイギリス征服**（**Norman Conquest、1066年**）以降、フランス語から多くの語彙を借用し、**英語本来語**がそれに取って代われることが多くありました。しかし、*Exercise* 3 に見られる単語のように、本来ほぼ同じ意味をもつ二つの単語がともに英語に残るとなると、意味の差異を生じさせなけ

[17]

ればなりません。これらの例では、**英語本来語**は、動物そのものを、**フランス語系**のものは、その食用の肉を指しています。こうした意味の違いが出たことには、被征服民として畜産という第一次産業に従事したイギリス人と、そうした食肉を享受した征服民のフランス人という、**ノルマン人のイギリス征服**以後のイギリスにおける社会状況も少なからず影響したといわれています。

2章 豊かな借用語と多文化性・多民族性 (2)

1. 豊かな借用語

英語が世界共通語となるための利点のひとつとして考えられるのが、その語彙の豊かさです。英語は数多くの語彙を、世界の多くの言語から取り入れてきました。取り入れられた語彙は**借用語 (Borrowing / Loanword)** とよばれ、ヨーロッパの諸言語と比較しても、英語は多くの借用語を持つ言語であるといえます。たとえば、「欲する、望む」という意味の日常語には以下のようなものがあります。

wish, hope (英語本来語), desire (ラテン語から), want (スカンディナヴィア語から)

このように同じ概念を表すにも、英語は意味が微妙に異なる様々な借用語を持っています。

1) ラテン語からの借用語 (宗教用語や専門語、文語などが多い)
minister, priest, clerk, consecrate, anthem, fact, fragile, separate, estimate, chest, spend など
2) フランス語からの借用語 (日常語から専門用語までさまざま)
country, fruit, poor, peace, gentle, nice, safe, dress, close, conceal, surprise など
3) スカンディナヴィア語からの借用語 (日常語が中心、前置詞や代名詞なども含む)
they, their, them, law, take, get, sky, window, die, call, cast, want, till など

[19]

4) その他の言語からの借用語（語彙が指す物品・概念と共に借用
されるものが多い）

yacht（オランダ語）, melon（ギリシャ語）, tea（中国語）, orange（ア
ラビア語）, cigarette（スペイン語）, hara-kiri（日本語）など

2. 借用語の歴史的・文化的背景

多くの2音節以上の語は、ラテン語やフランス語から借用されており、
現代英語の語彙の半数以上を占めています。また、スカンディナヴィア
語からの借用語には、普通は借用されない they などの基礎語彙が含ま
れています。例えば、

Their sister got angry.

They are awkwardly scared.

というふたつの文は一見すると通常の英語の文と感じられますが、これ
らはすべてスカンディナヴィア語起源の語彙で構成されています。

ブリテン島における、さまざまな民族の侵入の歴史や、大英帝国の勢
力拡大にともなう世界進出によって、英語は多くの外国語を借用語とし
てその中に取り入れてきました。専門用語だけでなく、日常語にも多く
の借用語が見られることから、英語という言語が、さまざまな文化の布
地を張り合わせたパッチワークのような、多文化的な言語であるという
ことができるでしょう。

Exercise：　下線の引かれている語彙が英語本来語か借用語かを調べて、
空欄に語源となった言語を記入してください。

2 章　豊かな借用語と多文化性・多民族性 (2)

1) In the <u>doorway</u> <u>stood</u> the <u>maid</u>. (Ernest Hemingway, *Cat in the Rain*)

doorway: door (　　　) + way (　　　)

stood: stand (　　　)

maid (　　　)

2) She <u>held</u> a big <u>tortoiseshell</u> cat pressed <u>tight</u> <u>against</u> her and swung down <u>against</u> her body. (Ernest Hemingway, *Cat in the Rain*)

held: hold (　　　)

tortoiseshell: tortoise (　　　) + shell (　　　)

tight (　　　)

against (　　　)

3) <u>Carbon</u> <u>dioxide</u> <u>levels</u> in the <u>atmosphere</u> have <u>risen</u> steadily in the past century.

carbon (　　　)

dioxide: di- (　　　) + oxide (　　　)

levels: level (　　　)

atmosphere (　　　)

risen: rise (　　　)

4) The <u>global</u> <u>climate</u> <u>phenomenon</u>, La Niña, <u>plays</u> a <u>role</u> in the unusual weather.

global (　　　)

climate (　　　)

phenomenon (　　　)

plays: play (　　　)

role (　　　)

[21]

★ 外国語から借入された語彙は、そのままの形を保持して、英語の中で使われるだけではなく、単語同士を組み合わせた**合成語・複合語**として組み込まれることもあります。単語の中でも、**語彙をパッチワークのようにつなぎ合わせて、多様な表現を生み出している**のです。

3章　英語の広がり、そして世界共通語としての英語（1）
——英語とイングランドの歴史的成り立ち

1.　借用語の歴史的・文化的背景

「地方語」から「世界語」へ——"English" はどこから来たの？

　そもそも "English" 発祥の国はどこか知っていますか？　英語はアメリカ人の母語と考えている人もいるかもしれませんが、そうではありません。では、イギリスでしょうか？　通常、**イギリスは連合王国を形成する4つの国全体のこと**を指します。（1章「豊かな借用語と多文化性・多民族性（1）」と 27 章「英語の中のケルト」を合わせて参照してください。）

　英語のルーツは、実は、イギリスの中でも「イングランド」に遡ります。では、「イングランド」という国名の由来と意味について考えてみたことはありますか？ "England" は、一民族の名前から派生した呼称で、元々、「アングル人の土地」（"Engla-land" に由来）を意味しました。

2.　"English" の祖先、アングル人（Angles）とは？

　アングル人とはゲルマン人の一種族で、ユトランド半島（現在のデンマークがある地域）南部に位置するアンゲルン半島（"Angeln" ドイツのシュレースヴィヒ＝ホルシュタイン州の一部）の一帯に住んでいた人々を指します。いわゆる**ゲルマン民族の大移動**の一環として、彼らは**5世紀半ばから6世紀**にかけて、**サクソン人（Saxons）**、ジュート人（Jutes）と呼ばれる部族ともにブリテン島に渡来しました。その後、これらの部族はまとめて**アングロ・サクソン人**と呼ばれるようになります。アング

[23]

ル人がブリテン島内の一国を指すようになった理由に関しては定かではありませんが、ともかく**イングランドという名称がこのアングル人に由来**していることは異論の余地がありません。このように、元をたどると、**英語**は現在のブリテン島ではなく、大陸を起源とする極々限られた人々が話していた**＜一地方＞の言葉**に過ぎなかったことが分かります。

***Exercise* 1**： では、＜英語＞を意味する "English" の語源を調べてみましょう。

3. "Angle" の意味とは？

イングランドの語源（etymology）の "Angle" の意味に関しては諸説あります。

> ① "angle"（釣り針）［cf. angler（釣り人）］
> ② "angle"（かど、隅っこ）［cf. ankle（足首）］

***Oxford English Dictionary*（*OED*）** は、語源は不確かであるとしながら、①を有力な候補として挙げています。これは、アンゲルン半島が「釣り針」のような地形を有しているからであるとされます。語源学的に見てもこれが定説となっています。[1]

....

1 　"Engle" の語源の欄に以下のように記しています。

"Cognate with Old Icelandic *Englar*（compare also Old High German *Angil-* , *Engil-* , an element in personal names）< *Angel*（Danish *Angel* , German *Angeln*), the name of a district in Schleswig in northern Germany and southern Denmark, believed to be the original home of the Angles（see Angle *n.3*), of uncertain origin, but often suggested to derive ultimately < the same Germanic base as angle *n.1* on account of its shape."

[24]

3章　英語の広がり、そして世界共通語としての英語 (1)

　一方、中世の人々は自国名の由来について様々な見解を示していました。[2] これはあくまでも俗説（民間語源）ですが、当時の人々の考え方を反映しているという点で重要です。その一つが　② "angle"「かど、隅っこ」です。ラテン語の "angulus"（同様の意味）に由来するこの "angle" は、カメラのアングルや、"from another angle"（他の見地から）といった慣用句にも使われる、現代英語においても馴染み深い語彙です。国名の由来と "angle" に関して、中世イングランドにおいて広く流布した年代記の中に以下のような記述が見られます。

　　… England has that name, as it were an angle and a corner of the world.
　　（イングランドはそのように呼ばれる、まるで世界の隅っこ、世界
　　の果てのようだから）

　England ＝ Angle というのは、一種の語呂合わせ・言葉遊び（これを英語で "**pun**" と言う）である一方で、この俗説は、当時人々によって共有されていた考え方の一端を映し出しています。それは、イングランドの＜地方性・辺境性＞です。**中世の時代、世界の＜中心＞はローマやエ**

....

2　有名なものに、"angel"（天使）があります。これはアングル人のもつ白い肌と金髪の美しさに対して、ローマ教皇が「天使のようである」と形容した、という逸話によります。その他にも、『シップリー英語語源辞典』（ジョーゼフ T. シップリー著；梅田修, 眞方忠道, 穴吹章子訳, 東京：大修館書店, 2009) の "Anglo-Saxon" の項目に、以下のような説が紹介されています。

　… Angles はケルト語に由来すると指摘する人が多い。ゲルマン人がブリテン諸島に来た時、ゲール族（Gaels: ケルト族）が先住しているのを見つけ、現地のケルト語を取り入れ、彼らを an-gael (the Gael) と呼び、それがこの土地の言語の呼び名となり、Angles の由来となったと言うのである。(43)

[25]

ルサレムといったキリスト教文化圏の聖地・本拠地でした。これに対して、イングランド（あるいはブリテン島）は世界の最北西端＝周縁・辺縁に位置しします。——自分たちは世界の果てにいる——これは地理上の感覚のみならず、心理的・精神的感覚でもあったかもしれません。このように、当時、自国名の由来に＜地方人・辺境人＞としての意識を重ね合わせるという言説が存在していました。[3]

Exercise 2： 中世の時代を通して、現在の英語のような Lingua franca の地位にあった言語は何でしょうか？

4. ＜地方語＞から＜世界語＞へ

"England" にまつわる一つの俗説を見ると、我々は英語のその後の変貌と発展、そして現在の＜世界共通語＞としての地位に驚嘆する他ありません。英語が歩んできた約 1500 年の軌跡は、＜周縁＞から＜中心＞、＜地方＞から＜世界＞へと躍進を遂げた一田舎言葉の、極めて劇的でダイナミックな成長物語なのです。その歴史を紐解くことにより、我々はイングランド人の辺縁意識の克服と＜ナショナル・アイデンティティ＞確立を見て取ることができるでしょう。何より、英語の冒険は、言語は国家を規定する上で限りなく重要な役割を担う、ということを教えてくれるようです。

3　中世イングランド人の地理的孤立とある種の文化的劣等感は、一方で辺縁意識の克服を通して、国家のアイデンティティの形成と深く関わっていた、という見方もあります。これに関しては、以下の本を参照。Kathy Lavezzo, _Angels on the Edge of the World: Geography, Literature, and English Community, 1000-1534_ (Ithaca: Cornell UP, 2006)

4章　英語の広がり、そして世界共通語としての英語（2）
——英語とポップ・ミュージック

1.　音楽と英語の世界的広まり

　iTunes や Google Play Music 到来にともない、今や世界中の音楽が日本人にとってもますます身近なものとなってきています。とりわけ日本人の日常は、どこかで聴いたことのある洋楽メロディーで溢れています。

　洋楽あるいはポップ・ミュージックといったときに、そのほとんどが「英語」で書かれている事実は、今更驚くことでもないかもしれません。世界ポップ・ミュージックの百科事典 *The Penguin Encyclopedia of Popular Music* によると、世界のミュージシャンのうち、9 割を超えるアーティストが英語で楽曲を発表しているということです。[1] ポップ・ミュージックの成功は、そのまま「英語の世界的広まり」を体現していると言っても過言ではないでしょう。

　世界的市場を視野に入れることが、英語による音楽発信の目的であることは疑いありません。"Dancing Queen" や "Mamma Mia" などの代表作をもつ AƀBA（1972-1982）、CM 等で頻繁に耳にする The Cardigans（1992-）は、共にスウェーデン出身のグループですが、彼らの母語であるスウェーデン語ではなく英語で曲を発表しています。また、郷ひろみがカバーし日本でも有名になった曲 "Livin' La Vida Loca" は、元々プエルトリコ出身のリッキー・マーティン（Ricky Martin: 1971-）による世界的ヒット曲です。彼は同名のタイトルにて全米で英語アルバムデビューを果たしています。日本人からは、宇多田ヒカルが全編英語で曲を書き、

1　この点は、寺澤盾『英語の歴史——過去から未来への物語』（東京：中央公論新社 , 2008), p. 10 に言及されています。

[27]

海外に進出したことは記憶に新しいでしょう。

2. 全世界のヒット曲

　ここで、United World Chart の All-Time Track Chart に基づく 1950 年代から現在までの全世界のヒット曲トップ 10 を見てみましょう。

1	Candle In The Wind 1997 (1997)　——Elton John
2	I Will Always Love You (1992)　——Whitney Houston
3	(Everything I Do) I Do It For You (1991)　——Bryan Adams
4	Happy (2013)　——Pharrell Williams
5	We Are The World (1985)　——USA For Africa
6	I Want To Hold Your Hand (1963)　——Beatles
7	Uptown Funk! (2014)　——Mark Ronson feat. Bruno Mars
8	Macarena (1993)　——Los Del Rio
9	Hey Jude (1968)　——Beatles
10	I Gotta Feeling (2009)　——Black Eyed Peas

"United World Chart" (http://www.mediatraffic.de/alltime-track-chart.htm) を一部修正、加筆

　ビートルズ (The Beatles: 1960-70) やホイットニー・ヒューストン (Whitney Houston: 1963-2012) といったそうそうたるメンバーが名を連ね、これらの曲はどれも一度は耳にしたことのあるものばかりです。特に 5 位にランクインしている "We are the World" を聞いたことがない人はいないかもしれません。この曲は、当時深刻化していたアフリカの飢餓救済のためにアメリカのスーパースター（マイケル・ジャクソンとライオネル・リッチ が作詞・作曲を担当）が一堂に会し、制作したチャリティー・ソングです。このチャートの中で、唯一スペイン出身の男性デュオ Los Del Rio (1962-) による "Macarena" は、スペイン語の楽曲ですが、その後、英語のリミックス版が出されると英語圏にも拡大し、爆

[28]

4章　英語の広がり、そして世界共通語としての英語（2）

発的ヒットの要因となりました。

　本チャートにおいて、1 位を獲得しているエルトン・ジョン（Elton John: 1947-）は、大英帝国勲章（CBE）を受賞し、"Sir" の称号を持つ世界的ミュージシャンです。"Candle in the Wind 1997" は、元々、女優マリリン・モンローに捧げられた曲でしたが、その後、1997 年のダイアナ妃の葬儀の際に、彼はこの曲を彼女の追悼曲としてリメイクし披露しました。ダイアナ妃は、エイズ、ハンセン病者といった社会的弱者の救済や地雷除去問題に関する数々の国際的慈善活動に貢献しました。彼女を一躍有名にしたのは、チャールズ皇太子との結婚式で、その様子は世界中で放映され、8 億人近くの人が釘付けになったと言われています。かつての大英帝国の活力を失った 1980 年代のイギリスにとって、ダイアナ妃の存在は停滞ムードを払拭する国民の希望となり、たちまち世界中の人々から愛されるようになりました。[2]

　英語による、"Candle in the Wind" が世界中の楽曲で一位を獲得していることは、未だ衰えないイギリスの求心力と、何よりそれを根本で支える世界共通語、「英語」の力を如実に示しているといえるでしょう。[3] ダイアナ妃の死に対して、エルトンが、誰もが理解できるわかりやすい英語で、"you lived your life like a candle in the wind"「あなたの生き方はまるで風の中のキャンドルのようだった」と歌うからこそ、世界中の多くの人が心を震わせ、今も心の中に彼女を想うことができるのではないでしょうか。

....

2　Palash Ghosh, "Diana: The World's Favorite Princess." *International Business Times*, 30 Oct. 2012. http://www.ibtimes.com/diana-worlds-favorite-princess-757249
3　ちなみに、3 位にランクインしている Bryan Adams の "（Everything I Do）I Do It For You" は、ケビン・コスナー主演の映画「ロビン・フッド」の主題歌として大ヒットしました。ロビン・フッドは中世イギリスの伝説的英雄であり、この曲の成功の背後には、かつてのイギリスの栄光の余韻が少なからず関係していると考えるのは言い過ぎでしょうか。

[29]

. . .

And it seems to me you lived your life

Like a candle in the wind

Never knowing who to cling to

When the rain set in

And I would have liked to have known you

But I was just a kid

Your candle burned out long before

Your legend ever did

5章　英語の広がり、そして世界共通語としての英語（3）
——英語とファンタジー文学

1. ファンタジー文学の隆盛

　妖精、ドラゴン、魔法、異界、ホグワーツ——今や書店の一角には、こうした言葉であふれる小説から、漫画、児童書、そして絵本にいたるまで、**ファンタジー文学**に関連するものがずらりと並んでいます。幾多の物語の中でも、近年三部作として公開された**J. R. R. トールキン**（John Ronald Reuel Tolkien: 1892-1973）原作の『ホビットの冒険』は記憶に新しく、また**J. K. ローリング**（J. K. Rowling: 1965- ）の『ハリー・ポッター』シリーズの人気は、一種の社会現象となりました。これらの作品が世界中の人々に浸透している一つの要因は、やはり**英語**で書かれている点にあるでしょう。

　ここで、Best Fantasy Books HQ というサイトが出している、ファンタジー文学史上、最も売れたシリーズトップ 10 を見てみましょう。

BEST SELLING FANTASY SERIES OF ALL TIME

	Book Series	Author	Total Books Sold
1	Harry Potter（1997-）	J.K. Rowling	450,000,000
2	Lord of the Rings（1954-55）	J.R.R. Tolkien	150,000,000
3	Chronicles of Narnia（1950-56）	C. S. Lewis	120,000,000
4	A Song of Ice and Fire（1996-）	George R. R. Martin	58,000,000
5	Inheritance Cycle（2002-2011）	Christopher Paolini	39,000,000
6	Percy Jackson and the Olympians（2005-2009）	Rick Riordan	40,000,000
7	Wheel of Time（1990-2013）	Robert Jordan, Brandon Sanderson	80,000,000

[31]

8	His Dark Materials (1995-2000)	Philip Pullman	15,000,000
9	Dark Tower (1982-2012)	Stephen King	30,000,000
10	Artemis Fowl (2001-2012)	Eoin Colfer	25,000,000

(http://www.bestfantasybookshq.com/best-selling-fantasy-series-of-all-time/ を一部修正、加筆) [1]

　堂々の一位にランクインした『ハリー・ポッター』シリーズは、世界的規模で爆発的売り上げを記録し、総売り上げ数において他を圧倒しています。以降、J. R. R. トールキン作『**指輪物語**』（*The Lord of the Rings*）、C. S. ルイス (Clive Staples Lewis: 1898-1963) 作『**ナルニア国物語**』（*The Chronicles of Narnia*）と、なじみ深い作品が続いています。[2] その他、ここにあげられているすべての作品が主に英語で書かれていることは、指摘するまでもないでしょう。

　★ 近年、**ファンタジー文学が世界中に広まり、多くの人に広く支持されている事実**と、世界的な人気を誇る、J.K. ローリング、J. R. R. トールキン、そして C. S. ルイスが、**英語を母語するイギリス人作家であるいう 3 名に共通するこの事実**には、やはり重要な相関関係があることは否定できないでしょう。

....

1　参考までに、各シリーズの邦訳を以下、順に記します。(1)『ハリー・ポッター』；(2)『指輪物語』；(3)『ナルニア国物語』；(4)『氷と炎の歌』；(5)『ドラゴンライダー』；(6)『パーシー・ジャクソンとオリンポスの神々』；(7)『時の車輪』；(8)『ライラの冒険』；(9)『ダーク・タワー』；(10)『アルテミス・ファウル』
2　現在も刊行中の 4 位、ジョージ・R・R・マーティン (George R. R. Martin, 1948-) による『氷と炎の歌』シリーズは、『ゲーム・オブ・スローンズ』(Game of Thrones) としてドラマ化され、作品賞、脚本賞、監督賞など、エミー賞史上最多の 12 部門を獲得し、名実ともに世界を代表する TV ドラマシリーズとなっています。

[32]

2. ファンタジー文学と＜中世英語英文学＞

ファンタジー文学と言うと、子供の読み物あるいは児童書を連想するかもしれません。しかし実際は、『ハリー・ポッター』に顕著に現れているように、ファンタジー文学は子供から大人まで幅広い世代に親しまれ、読まれている文学ジャンルです。トールキンは、＜子供の部屋＞に限定されていたファンタジーの世界を、大人も楽しめる世界へと拡大したと言われます。[3]

オックスフォード大学の英文科図書館にある J. R. R. トールキンの胸像

一方で、「ファンタジー作家」としてのイメージが強いトールキンですが、彼がオックスフォード大学教授という肩書を持つ大研究者であったことはあまり知られていません。トールキンが母校オックスフォード大学に教授として就任した際、同じくそこで教鞭をとっていた人物に、『ナルニア国物語』の作者ルイスがいます。彼らは共に＜中世英語英文学＞や北欧の言語・文学に関する研究と指導に従事し、今日の学会においても頻繁に依拠される多数の金字塔的研究を残しました。二人の本業、肩書は以下のようなものでした。

J. R. R. Tolkien—Rawlinson and Bosworth Professor of Anglo-Saxon / Merton Professor of English Language and Literature（at Oxford）

C. S. Lewis—Professor of Medieval and Renaissance literature（at Cambridge）

---

3 この点に関しては、井辻朱美「二重性の文学としてのファンタジー——『ナルニア』から『指輪物語』そして映像の時代へ」『月刊言語』（2006年6月）: 20-28 を参照。

彼らの研究者としての側面は、その後のファンタジーの大作が創り出される上で必要不可欠であったと言えるでしょう。ホビット族のフロド・バギンズが駆け抜ける「中つ国」、ペベンシー家の四兄妹が体験する衣装ダンスの先に広がるナルニア国——トールキンやルイスが創造した壮大なファンタジー世界の背後には、中世イギリスや北欧諸国の歴史に流れる文化的息吹のようなものを確かに感じることができます。

　もちろん、私たちはファンタジー文学を彩る想像上の物語をそのまま楽しむことができます。しかし、少し深く掘り下げてみると、それらのファンタジー文学が英語の文化や文学、そして歴史にいかに深く根差しているかが分かります。すなわち、<中世英語英文学>の知見を得ることによって、現代ファンタジー文学の深い理解と一つの本質に迫ることが可能となるのです。

Exercise：　　トールキンとルイスが共に愛してやまなかった中世英文学の一つに 14 世紀末に書かれた、『**ガウェイン卿と緑の騎士**』（***Sir Gawain and the Green Knight***）という**中世ロマンスの傑作**があります。「ガウェイン卿」を主人公とする本作品は、イギリスの、特にケルト人の民話伝承に遡るとされる、ある有名な王を中心とした物語群の一つです。中世イギリスに生まれたその物語とは何でしょうか？

6章　英語の広がり、そして世界共通語としての英語（4）

6章　英語の広がり、そして世界共通語としての英語（4）
——Pidgin English と Creole English

1.　英語の種類

　英語はイギリス英語とアメリカ英語だけではありません。大きく分けて4つの英語があると考えられています。

1）英米を含めた「英語圏」の英語

British English と American English。他に、オーストラリア英語、ニュージーランド英語、カナダ英語も含まれます。

2）母語以外の、公用語・第二言語としての英語

かつてイギリスに統治されたり、植民地になった国や地域では、英語を公用語・第二言語として使用しています。

地域：インド、スリランカ、ケニア、タンザニア、シンガポール、フィリピンなど。

3）ピジン英語（Pidgin English）・クレオール英語（Creole English）

ピジン英語：上の2）で指摘した国々や、古くからイギリスと交易を行ってきた国・地域において、その地域の言語と英語が混合してできた「交易交渉・伝達のための言葉」です。

地域：アフリカ、南太平洋、カリブ海沿岸地帯。

[35]

例 1：Tok Pisin

gude	>	good day = hello
laik	>	like
nau	>	now
skulboi	>	schoolboy
guttaim	>	good time = peace

★ ピジン英語の pidgin はもともと、英語の business という単語が中国
風になまったものでした。中国語では、p と b が区別しにくいため、
business の b が p になり、最後の s が発音されなくなり、pidgin と
なりました。

クレオール英語：ピジン英語がある地域の人々の母語となったもの
です。

4) 1) での「英語圏」の英語において特定の民族によって用いられて
いる英語

アメリカ合衆国の黒人英語がこれにあたり、その話者数が多いため
に特有の英語が生まれました。その文法的な特徴としては、以下の
ようなものがあげられます。

① be 動詞の省略
② 否定としての二重否定の用法
③ 三人称単数現在形の -s の省略
④ 冠詞、前置詞の省略
⑤ get など基本単語の多用

6章　英語の広がり、そして世界共通語としての英語（4）

2.　ピジン英語とクレオール英語の違い

・ピジン英語 … **交易交渉においてのみの限定的な使用**にとどまります。

・クレオール英語 … **母語として日常生活のあらゆる目的のために使用**され、語彙も豊かになり、文法体系が整っています

・ピジン英語からクレオール英語へ … この過程はピジン英語の**クレオール化（creolization）**と呼ばれます。

★　広がるピジン英語

ピジン英語の一般的な定義は「交易交渉の目的で限定的に使用されることば」とされていますが、地域によってはピジン英語が日常的に使用されており、**World Englishes（世界各国、そして様々な地域の英語）**の一つとみなされる傾向があることも事実です。

その例を一つ、紹介します。現在世界で使用されているピジン英語の中でも、特に多くの話者による一般的な使用が見受けられるのは、西アフリカ・ナイジェリアで話されているピジン英語です。2015 年 11 月のニュースでは、BBC がナイジェリアのピジン英語でラジオ放送を開始する予定であることを報じています。[1] また、2014 年のニュースでは、駐ナイジェリア米国大使が現地ラジオの放送中に突如、ナイジェリアのピジン英語で質問に応え、両国間の喫緊の問題について語る際に使用したこの米国大使の現地のピジン英語が、ナイジェリア市民に大きな驚きと喜びで迎えられたことが話題となりました。[2] こうした例が示すように、これまで「非

....

1　http://www.bbc.com/news/entertainment-arts-34902244 を参照。
2　http://www.bbc.com/news/world-africa-26149507 を参照。

[37]

文法的」、「正式ではない」といったように否定的に受け取られて
いたピジン英語は、公的な機関においても次第に認められつつあ
り、今後、もっと広がるかもしれません。

最後にナイジェリアのピジン英語の中でも特に頻繁に使用される
語彙やフレーズを紹介します。

例 2：Nigerian Pidgin[3]

How Bodi? – How are you doing today?

How Far? – Hey, Hi.

I dey fine – I'm fine.

Wetin? – What?

Wahala – Problem / Trouble.

Gi mi – Give it to me.

I Wan Chop – I want to eat.

Abi? – Isn't it?

参考文献

Jenkins, Jennifer. *Global Englishes: A Resource Book for Students*. 3rd ed. London:
　　Routledge, 2014.

3　例 2 の用例については
　http://matadornetwork.com/abroad/beginners-guide-to-nigerian-pidgin-english/ を参照しました。

[38]

7 章　Analogy（類推作用）

1.　analogy（類推）

　言語の単純化・画一化を進める原動力の 1 つです。英語という言語の歴史の変遷も、よく観察してみるとこの類推作用「**類似した機能や用法がある場合に、言語を均一にしようと共通して働く傾向**」によるものが多いことがわかります。

2.　analogy（類推）の働き方

　　　Bob: I knowed what I was doing.

　この場合、Bob は英語の大半の動詞を過去形にするのと同じ方法で、know という動詞の過去形を作ろうとしているに過ぎません。こうした過程は、類推作用といわれるもので、これにより、語形と同様に発音や意味にも影響を与えることがあります。

3.　英語における類推作用

　動詞の活用には、原形に -(e)d をつけて過去形・過去分詞形をつくる規則活用以外に、母音変化や -(e)n や -t などの語尾をつける不規則活用とよばれる多くの活用形が存在していました。しかし、こうした不規則活用の動詞や、母音変化、-en の添加による不規則複数の名詞も、**類推作用**によって、次第に規則化する傾向にあります。そうした例や今後そのような変化をすると思われる例を見てましょう。

[39]

1）動詞の活用における類推作用（不規則活用のものが規則活用になる）

have　　>　　had　　>　　haved

tell　　>　　told　　>　　telled

know　　>　　knew　　>　　knowed

swim　　>　　swam　　>　　swimmed

その他：hide: hid / fall: fell / rise: rose / blow: blew / go: went

2）類推作用のため、現在、規則活用への過程にある動詞

wake　　>　　woke, woken (or waked)　　>　　waked

learn　　>　　learnt (or learned)　　>　　learned

dream　　>　　dreamt (or dreamed)　　>　　dreamed

burn　　>　　burnt (or burned)　　>　　burned

smell　　>　　smelt (or smelled)　　>　　smelled

3）今後、類推作用により規則動詞となる可能性のある単語

win　　>　　won (winned)

bind　　>　　bound (binded)

hold　　>　　held (holded)

sleep　　>　　slept (sleeped)

keep　　>　　kept (keeped)

mean　　>　　meant (meaned)

send　　>　　sent (sended)

build　　>　　built (builded)

meet　　>　　met (meeted)

lose　　>　　lost (losed)

deal　　>　　dealt (dealed)

7 章　Analogy（類推作用）

smell	>	smelt (<u>smelled</u>)
bend	>	bent (<u>bended</u>)
weep	>	wept (<u>weeped</u>)

4）比較級・最上級の形成における類推作用

new > newer、tall > tallest という比較級、最上級からの類推作用により、以下のようなものがあります。

good	>	gooder
little	>	littler
bad	>	badder
best	>	bestest
little	>	littlest
bad	>	baddest

★ こうした語形には、「非標準」や「俗」（not standard）といった但し書きが付されていますので、使用する場合は注意してください。また、bestest については、best をさらに強めた言葉遣いとしての用法があり、good の最上級というのとはまた少し違うものとして扱われている場合もあります。

いずれにしても、類推作用によって形成されたこうした非標準形が、今後、標準形の「better」「less」「worse」と拮抗しながらどのように言語変化していくのか注目することにしましょう。

5）不規則複数形の名詞における類推作用

eye	>	eyen	>	eyes
ship	>	shipen	>	ships

[41]

★ brother には、皆さんも知っているように 2 種類の複数形があります。brothers と brethren です。2 種類あるので、意味の違いによって残り、現在も広く使用されています。ちなみに、brethren は、複数を示す形態が重複している「二重複数形」と呼ばれる、珍しい語形です。下線を引いた、母音変化の複数形に、さらに複数語尾 -(e)n が追加されています。

6) 今後 -(e)s 形の複数形となる可能性のある単語

child　　>　　children（childs）

ox　　>　　oxen（oxes）

Exercise：6) で紹介した例以外に、今後、類推作用によって、不規則複数形が、-(e)s を添えて、規則複数形になる可能性が高い名詞を予想してみてください。

★ 現代英語の長所の一つが、「**文法上の性の喪失**」と「**格の消失**」による、**文法上の単純さ**であることは、すでに学習しました。名詞の複数形をとっても、-en 語尾によるもの（ox → oxen）、母音変化によるもの（goose → geese, mouse → mice）、外来の特殊語尾によるもの（appendix → appendices, phenomenon → phenomema, stimulus → stimuli）といった不規則変化の複数名詞形がまだ多く残っています。しかし、こうした**不規則複数形**が、今後、**類推作用によって**、-(e)s による**単純な規則複数形に取って代わられる**日もそう遠くないかもしれません。その意味でこの**類推作用**が、現代英語の長所である、**文法上の単純さ**に少なからず影響を与えているといえるでしょう。

[42]

8章　つづりと発音のずれの問題（1）
——Great Vowel Shift（大母音推移）

　現代英語の最も大きな欠点である、つづり字と発音のずれにはいくつかの要因がありますが、とりわけ**長母音に起こった大きな変化**は、この欠点をより深刻なものにさせています。この章では、「言語の成長と衰退」に関する英文を読んで、**英語における意味と発音の変化、そして文法形態の変化に作用**するものがどのようなものかを学習しましょう。

Growth and Decay. Moreover, English, like all other languages, is subject to that constant growth and decay which characterize all forms of life. It is a convenient figure of speech to speak of languages as living and as dead. While we cannot think of language as something that possesses life apart from the people who speak it, as we can think of plants or of animals, we can observe in speech something like the process of change that characterizes the life of living things. When a language ceased to change, we call it a dead language. Classical Latin is a dead language because it has not changed for nearly two thousand years. The change that is constantly going on in a living language can be most easily seen in the vocabulary. Old words die out, new words are added, and existing words change their meaning. Much of the vocabulary of Old English has been lost, and the development of new words to meet new conditions is one of the most familiar phenomena of our language. Change of meaning can be illustrated from any page of Shakespeare. *Nice* in Shakespeare's day meant *foolish*; *rheumatism*

[43]

signified *a cold in the head*. Less familiar but no less real is the change
of pronunciation. A slow but steady alteration, especially in the vowel
sounds, has characterized English throughout its history. Old English
stān has become our *stone*; *cū* has become *cow*. Most of these changes
are so regular as to be capable of classification under what are called
"sound laws". * Changes likewise occur in the grammatical forms of
a language. These may be the result of gradual phonetic modification,
or they may result from the desire for uniformity commonly felt where
similarity of function or use is involved. The man who says *I knowed* is
only trying to form the past tense of this verb in the same way that he
forms the past tense of so many verbs in English. This process is known
as the operation of ***analogy***, and it may affect the sound and meaning
as well as the forms of words. Thus it will be part of our task to trace
the influences that are constantly at work tending to alter a language
from age to age as spoken and written, and that have brought about
such an extensive alteration in English as to make the language of 900
quite unintelligible to the people of 1900.

Albert C. Baugh and Thomas Cable. *A History of the English
Language*. 2nd ed. (London: Routledge, 1963), pp.2-3.

* sound laws = Great Vowel Shift（大母音推移）などの規則的
な音変化の法則

★ 大母音推移（**Great Vowel Shift**）
14 世紀後半から 16 世紀前末にかけて英語の長母音におこった極
めて規則的な変化のことです。長母音の調音位置が上がったり、

[44]

8章　つづりと発音のずれの問題 (1)

二重母音化することをいいます。

例：

中英語期 /o:/ → /u:/ tooth, goose

中英語期 /e:/ → /i:/   teeth, geese

中英語期 /i:/ → /əi/ （→ / ɑi/) time, find, child, wife

中英語期 /u:/ → /əu/ （→ /au/) town, house, now, cloud

中英語期　　/ɔ:/ → /o:/　　　　（→ /ou/) road, over, hope, stone

中英語期 /ɑ:/ → /æ:/ → / ɛ :/　（→ /e:/ → /ei/) name, age, take, place

★ 現在の二重母音 /ai/, /ei/, /au/, /ou/ はすべて 18 世紀の産物であり、
カッコ内の、/əi/ → /ai/, /əu/ → /au/, そして /o:/ → /ou/, / ɛ :/ → /
e:/ → /ei/ への二重母音化は、別の変化に因ります。

1.　発音の変化の変遷

中英語から現代英語までに、発音がいかに大きく変化したかを以下の
単語で確認しておきましょう。

	中英語			現代英語	
nama	/nɑ:mɑ/	→	name	/neim/
win	/wi:n/	→	wine	/wɑin/
stan	/stɑ:n/	→	stone	/stoun/
hous	/hu:s/	→	house	/hɑus/

2.　つづりと発音のずれ

現代英語の欠点である、つづり字と発音とのずれは、大母音推移、外
国語からの借用語の発音の影響など、英語史の発展の中でさまざまな要

[45]

因と影響によって生み出されてきました。以下では、そうした顕著な例の一部を見てみましょう。

1) 以下の例は、つづり字と発音との間に大きなずれが見られる現代英語の中でもよく目にする重要な単語です。発音してみてください。

    1. asylum   6. archives

    2. buoyant   7. bronchitis

    3. bouquet   8. connoisseur

    4. chauffeur   9. borough

    5. draught   10. indict

2) とりわけ、地名の場合、つづり字と発音のずれはさらに大きく、正確に発音することが難しいですが、次の地名の発音を辞書で調べて、そのずれを確認してみてください。

    1. Warwick   →

    2. Alnwick   →

    3. Gloucester   →

    4. Leicester   →

    5. Worcester   →

★ ジョージ・バーナード・ショーが、現代英語における発音とつづり字とのずれの問題を大いに憂慮したことについての興味深いエピソードがあります。彼は、以下の単語を提示して、**英語におけ**

るつづり字と発音のずれがいかに大きく、**深刻な問題であるか、警告したといわれています。**みなさんは、次の単語を発音できますか。ヒントです。次の三つの単語の発音の一部が手がかりになります。laugh, women, station。

ghoti

（ショーの経歴については、23 章「British English（Queen's English）と American English（President's English）」を参照してください。）

[47]

9章　つづりと発音のずれの問題 (2)
——「インク壺」用語 (inkhorn terms) および
語源的つづり字 (etymological spelling)

1. 「インク壺」用語

16世紀後半、中英語期のフランス語のくびきから解放され、自信を回復しつつあった英語にとっての大きな悩みは、聖書を英訳するにあたって自前の十分な語彙を欠いていたことでした。そこで考えられた最も効率のよい方法は、直接ラテン語から語彙を借用することでした。16世紀後半の数十年ほどの短期間に、大量のラテン単語が英語に取り込まれました。しかし**インク壺用語**（**inkhorn terms**）と揶揄されるほどに難解で衒学的な借用語も多く、この時期に入ったラテン単語の半分は現代にまで伝わっていないと言われます。

現代にまで残ったものは、基本語彙とまでは言わずとも、文章では比較的よくみかける confidence、dedicate、describe、discretion、education、encyclopedia、exaggerate、expect、industrial、maturity のような単語が多く含まれています。一方、現代までに残らなかったものは、adjuvate "aid"、deruncinate "weed"、devulgate "set forth"、eximious "excellent"、fatigate "make tired"、flantado "flaunting"、homogalact "foster-brother"、illecebrous "delicate"、pistated "baked"、suppeditate "supply" のような単語です。

2. 語源的つづり字

15〜16世紀、語源となるラテン語のつづり字に含まれていたという理由で、ある文字が英語のつづり字にも挿入された**語源的つづり字**

[48]

（**etymological spelling**）の例があります。その多くは現在でも発音されないまま、標準的なつづり字として定着しています。これを**黙字**（**silent letter**）と呼びます。

例：

doute	>	doubt（< L. dubitare）
receit	>	receipt（< L. recepta）
det	>	debt（< L. debitum）
suject	>	subject（< L. subjectus）
samon	>	salmon（< L. salmonem）

3. 誤った語源的つづり字

さらに誤った語源の知識により、**本来ラテン語と関係ないにもかかわらず、黙字が挿入された例**が以下のようにいくつかあります。

Island：この語は、アングロ・サクソン語本来語であり、iland のつづりでした。しかしラテン語系の言語とは全く関係がないにも関わらず、フランス語の isle、あるいは、ラテン語の insula と関係があると考えられ、**16 世紀後半からこのつづりが一般化**しました。

Scissors：元来、この語は「刈る」を意味するフランス語に由来し、sisours のつづりでした、ラテン語の scissor = one who cuts との混同から、**16 世紀に不必要な c がつづりに追加**されました。

Advantage：ラテン語 abatare に由来し、16 世紀のつづり avantage で歴史的には正しいにもかかわらず、語頭の a がラテン語の語頭 ad に由来するものと誤解され、d がつづりに追加されてしまいました。

4. 音位転換（metathesis）

調音の不完全な発音（急ぎの場合や子どもの発音など）により、**近接**

[49]

する2つの音が転換する現象を指します。英語の音韻史上 /r/、/s/ の関わる音位転換が多いことが知られています。

英語および日本語の例：

bird	<	brid
curl	<	crul
gras	<	gars
horse	<	hros
mix	<	misc
third	<	thridda

あたらし	↔	あらたし
さざんか	↔	さんざか
茶釜	↔	ちゃまが
ふんいき	↔	ふいんき
てもちぶさた	↔	てもちぶたさ
だらしない	↔	しだらない

5. 異分析（metanalysis）

ある語に別の語を添える際に、両語の境が本来とは異なるところにあると分析され、その**誤用がやがて正用となる**ことがあります。不定冠詞（a(n)）や所有代名詞（my/mine）などと結びつくものが多いのが特徴です。

例：

an apron	<	a napron
an umpire	<	a numpire

9章　つづりと発音のずれの問題 (2)

a nickname　　<　　an ekename

Exercise 1：doubt、receipt など黙字を含む単語の例をいくつか挙げ、い
かにしてこのような語が黙字を含むに至ったか、（語源）辞
書あるいは辞書の語源欄を参照して調べてみましょう。

Exercise 2：Anne の 愛称はなぜ Nan、Nancy、Nanny なのか。また、
Edward の愛称はなぜ Ned なのか。異分析という考え方を
用いて説明してください。

10章　つづりと発音のずれの問題 (3)
——economy of effort（労力の節約）と
assimilation（同化作用）

　本章では、言語変化の原因として知られる、「**労力の節約**」と「**同化作用**」についてわかりやすく書かれた英文解説を読んで、その内容を学習しましょう。

　　The consonants have, on the whole, been more stable than the vowels, and changes like the one from *fadir* to *father*, and the contrary change from *burthen* to *burden* are rare. But in many cases consonants have been dropped from the pronunciation owing to **"economy of effort"**, in other words because <u>it is easier not to pronounce them</u>! In this way the *k* has fallen out of *knee, knight*, the *l* out of *talk, folk*, the *w* out of *write, wrong, two, sword, who*, the *b* out of *lamb, climb*, the [*g*] out of *sing, young*, the *t* out of *castle, listen, Christmas, often*, and the *d* out of *Wednesday*. We also assimilate the *p* to the following *b* in *cupboard, raspberry, Campbell* and formerly also *Hepburn* (Japanese *Hebon*), and the *ck* to the *g* in *blackguard*. We know that this process was more widespread in former times, but that the spelling has in most cases made people restore consonants which were once dropped — what we call **"spelling pronunciation"**. An example of this tendency at work today is in the word *often*, in which many people pronounce the *t*, though they never think of pronouncing the *t* in *soften*! It is also fashionable to pronounce

[52]

forehead as *fore-head*, though it has traditionally rhymed with *horrid*, and in Britain the majority of people now pronounce the *th* in *clothes*, which has traditionally been identical with *close*.

Hugh E. Wilkinson, *The How and Why of English*. 2nd ed, with notes by Tateo Kimura. (Tokyo: Kenkyusha, 1977), pp. 44-45.

lamb, climb, tomb, dumb などの単語ではなぜ、語尾の b は発音されないのでしょうか？　重要なポイントは、b の前の m の存在です。/b/、/m/ の両音とも上唇と下唇を使って音を出す「両唇音」ですので、調音位置は同じであり、どちらも両唇を合わせて発音するという点で、基本的な調音方法も同じです。違いは、発声するとき、口の空気が /m/ のときは鼻から、/b/ のときは口から出るという点しかありません。

1. economy of effort（労力の節約）の作用

　これらの単語のような場合には、同じ音が続くなら、同じ音を二度繰り返すのは面倒で難しいから、どちらか一方の発音だけでいいだろうという、**economy of effort（労力の節約）**の作用によって発音されません。

2. 古英語の発音

　今から、**千年以上前の古英語の時代**には、この単語の語尾は発音されていました。

　　例：　comb /komb/

[53]

3. 複合語における **economy of effort**（労力の節約）と **assimilation**（同化作用）

複合語の例： Campbell、cupboard、raspberry

　これらの場合も、/p/ と /b/ は、どちらも「両唇破裂音」で、調音位置も調音方法も同じであり、違いは有声音か無声音だけです。そのため、同じ調音位置の音が続くのであれば、一つは省略、つまり **economy of efforts**（労力の節約）という作用と同時に、同じ音が同化する作用、つまり **assimilation**（同化作用）により、/p/ は脱落し、それぞれ
cupboard /kʌbərd/, raspberry /rǽzbèri/
という発音になります。

★ このように、英語を母語とする人たちのみならず、第二外国語として学習する者にとっても、大きな障害となっている発音とつづり字のずれは、英語史上におけるいくつかの言語作用が複合的に作用し、その結果として生まれたことが理解できます。

Exercise： ここで、Campbell を例にとり、/kǽmbəl/ あるいは /kǽməl/ といった発音になった経緯を説明してみてください。

11 章　i-mutation（i 母音変異）と英語の歴史

1.　i-mutation とは何か？

　この章では、一種の同化現象である、i-mutation（i 母音変異）について学習しましょう。i-mutation というと、何か難しい用語のように思われますが、この変化を受けた単語は実に多く、しかも length（← long）や bleed（← blood）など、とても身近なものばかりですので、この用語を通してそうした単語への理解を深めてください。

　簡単に言えば、この音変化は、強勢のある /o/、/a/ といった**後舌**（こうぜつ）**母音**が、後に続く**前舌**（ぜんぜつ）**母音** /i/ などの影響を受けて、/i/ に近い音に、この用語の名称の通り、＜変異＞する現象です。

> ★ **前舌母音**とは、前舌面を持ち上げることによって調音する母音のことで、/i/、/iː/、/e/、/eː/ などがこれにあたります。これに対して、後舌面を軟口蓋に向かって持ち上げ調音する母音を**後舌母音**と呼び、/a/、/ɔ/、/o/、/u/ などがこれにあたります。これらは、音声学上の解説を理解するだけでなく、正しい英語の発音をする上でも、覚えておくと、とても役に立つ基本用語です。

2.　i-mutation の歴史

　具体的な例を示すと、よくわかりますので、この変化を受けた代表的な単語、foot で説明しましょう。foot の複数形は、いわゆる不規則変化の feet で、つづり字は、o が e に、発音は、/fut/ から /fiːt/ に変化します（foot → feet）。

　何故、このように変化するかについては、少し歴史をさかのぼって

[55]

説明する必要があります。古英語 fōt の複数形は、もともと複数語尾 -iz をつけた *fōtiz のような形であったと想定されます。この語尾に含まれる /i/ が、前方にある /o:/ に影響し、/i/ に近い /e:/ という音に変化させたのです。

3. まとめ

　以下に挙げている、他の**不規則変化の複数形**である、men, teeth, geese などが、どのようにしてこうした語形になったか、もうお分かりになったと思います。

　以上の点をまとめるとこうなります。

i-mutation（i 母音変異）

　1）時期

　　古英語の文献以前の時代

　2）対象

　　英語をはじめてとしてほとんどのゲルマン語に起き、また現在も起きる変化です。

　3）変化

　　強勢のある**後舌母音**は、次の音節に i や j が続くと、これらの音の影響を受けて、**前舌母音化**し、/i/、/i:/、/e/、/e:/ などとなります。

4. i-mutation の影響を示す派生語

　1）形容詞 ▸名詞：形容詞に -ŧþō をつけることで、名詞化する。

　　例：

　　long　　→　　length

　　strong　→　　strength

[56]

11 章　i-mutation（i 母音変異）と英語の歴史

broad　　→　　breadth

2）形容詞 / 名詞→動詞：形容詞 / 名詞に -jan をつけることで動詞
　　化する。
　　例：

full　　→　　fill

blood　　→　　bleed

tale　　→　　tell

loft　　→　　lift

doom　　→　　deem

brood　　→　　breed

3）複数形：名詞に -iz をつけることで複数形を表す。
　　例：

man　　→　　men

goose　　→　　geese

foot　　→　　feet

mouse　　→　　mice

tooth　　→　　teeth

Exercise：　少し難しいですが、woman/wumən/ の複数形が、何故
　　　　　　　women/wimin/ となるかについて、語源にも注意しながら、
　　　　　　　この i-mutation の変化を使って説明してみてください。

★ i-mutation には **i-umlaut（i ウムラウト**）という名称も使われます。

[57]

12章　口語英語の特質
——弱形、そして Politically Correct Terms

1.　弱形発音とは何？

　本章では、二つの事項を取り扱います。まず、リスニングの能力を向上する上で、理解しておくと役に立つ音声学上の現象について学習しましょう。その一つが、**弱形**です。以下の the のように、例外的に強調された場合は、強形の /ði:/ ですが、通常は、意味の重きが弱く、その発音が弱形化し、/ðə/ となる現象です。これがさらに弱まると、曖昧母音と呼ばれる /ə/ が消滅する場合もあります。

1）冠詞と人称代名詞の弱形発音：

	強形	弱形	
the	/ði:/	/ðə/	
a	/eɪ/	/ə/	
you*	/ju:/	/jə/	* "See ya."

2）音の脱落：俗語的な発音：

　　主に口語的な英語において、アクセントがない箇所の音が脱落する現象があります。映画、テレビ、文学作品に登場する人物がとくに打ち解けた会話で発音する場合によくみられ、それを表記したものです。これも一種の弱形と考えてよいでしょう。

　　実際の会話においては、こうした音の脱落が頻繁に起こるという事実を知ることは、リスニング力を向上する上で、不可欠です。しかし、日本人の英語学習者が、あえてこうした俗語的な発音を

[58]

12章　口語英語の特質

まねる必要はありません。本来の標準的な発音を、まず正確に習得することが大切です。以下の例を、音読して、こうした英語にも慣れ親しんでください。

（1）A: I don't <u>wanna</u> see you again.

　　　B: Okay. All right.

（2）A: You <u>wanna</u> come inside?

　　　B: No, I <u>gotta</u> go.

（3）A: Well, I <u>mighta</u> <u>sorta</u> bumped into my parents.

***Exercise* 1**：次の文を通常の文に直しみてください。

　　　（1）　Gimme tha!　　　＞

　　　（2）　Lem'me try!　　　＞

　　　（3）　Have a goo tri!　　＞

　　　（4）　Ya goin' home?　　＞

　　　（5）　When d'ja see 'im?　＞

***Exercise* 2**：次の文をカッコ内の注意を参考にして、通常の文に直してみてください。

　　　［ya = you are］［i = it］［er = her］［t' = to］［-in' = -ing］

　　　（1）　Don't touch i, leave i alone.

　　　（2）　Ya free t'night?

　　　（3）　Ya goin' for a drink?

　　　（4）　Whaddaya talkin' about?

[59]

[t > d]

(1) Let's pardy!

(2) Bring me some wader.

[-d + you > ja] [-t + you > cha]

(1) Wouldja like it?

(2) Don'cha eadit?

[-t / -d + of > ta / da] [out of > outta / sort of > sorta / kind of > kinda]

(1) Gedouda here!

(2) Don'cha think she's kinda cute?

(3) Get outta here!

[of > o'/'v]

(1) Fillet o'fish, please.

(2) The chair is made o'wood.

[to > ta]

(1) I hafta do it.

(2) I've gotta go.

[are, it, it's, you > 0]

[had better > 'd better > bedder]

[be going to > be gonna> gonna]

12章　口語英語の特質

(1) You liar!

(2) You kidding?

(3) Sounds great!

(4) Nice to see you!

(5) Bedder do that.

(6) Nice seein' ya!

(7) Coul' be.

(8) Mus' be that.

(9) You alright?

(10) Gonna be alright.

Exercise 3： 特に地域名における音変化にも注意して通常の文に直して
みてください。

(1) Ya gonna Flooada?

(2) D' ya live in Sealue?

2. Politically Correct Terms（PC Terms）について

　次に、**政治的な立場から、公正、中立であり、人種・民族・宗教・
年齢・性差別などの偏見や差別が含まれていない用語や表現**を指す、
PC Terms について考えましょう。（この点については、14章「広がる
Political Correctness －現代英語とジェンダー」も参照してください。）

　多文化、多民族の社会であるイギリス、アメリカにおいて、お互いが
共存していくためには、**不愉快な感情を引き起こすような直接的な表現
をできるだけ避ける傾向**があります。英語を学習する上で、現代英語の
こうした側面に留意することはいうまでもありあません。

　現代英語においては、1980 年代以降、多くの単語が、そうした差別・

[61]

偏見を取り除くために、別の単語に言い換えられています。現代英語において定着している用例を以下に挙げておきます。

1）職業名：

businessman	>	businessperson
chairman	>	chairperson / chair
fireman	>	firefighter / fireperson
policeman	>	police officer
salesman	>	salesperson
spokesman	>	spokesperson
stewardes	>	flight attendant
watchman	>	security officer / security guard

2）身体的特徴：

blind	>	optically-challenged
deaf	>	hearing-impaired
handicapped	>	physically-challenged
psycho	>	mentally-challenged

3）民族などの名前：

Negro, Nigger	>	Afro-American / African American
Eskimo	>	Inuit
American Indian	>	Native American

12 章　口語英語の特質

4) そのほかの用語：

mankind	>	human beings
Merry Christmas!	>	Happy Holidays!
Miss, Mrs	>	Ms

★ **PC Terms** には、以下の例にみられるように、言葉だけ取り繕った極端な例も見られ、「**表面的に差別や偏見を排除するように見せかけているにすぎない**」と行き過ぎた傾向に警鐘を鳴らす人たちがいることも事実です。

homeless	>	outdoor urban dwellers
bald	>	comb free

Exercise 4： 以下の PCTerms に置き換えられた従来の単語を考えてみてください。

　　1. vertically challenged　　>

　　2. horizontally challenged　>

　　3. housemaker　　　　　　>

★ 口語英語には様々な言語現象が見られますが、本章で扱った、音声学上の「弱形」、は、その中でもとりわけ知っておくべき重要な知識です。また、「**PC Terms**」についての知識も十分に活用して、英語力の向上に努めてください。

[63]

13章　屈折と現代英語の単純化

　時代をさかのぼって英語の歴史を見ていくことで、英語という言語が1500年の歴史のなかで経験した劇的な変化の一端を垣間みることができます。その顕著な例として**屈折の単純化**をあげることができるでしょう。**屈折とは、ある語が主語であるのか、目的語であるのかなど他の語との文法的な関係をあらわすために、その形を変化させることです。**現代英語においては、今は代名詞、名詞の単数・複数、形容詞の比較級・最上級、動詞の三人称単数現在と過去形などにしか見られません。

	一人称	二人称	三人称
単 数			
主格	I	you	he, she, it
属格	my	your	his, her, its
与格	me	you	him, her, it
対格	me	you	him, her, it
複 数			
主格	we	you	they
属格	our	your	their
与格	us	you	them
対格	us	you	them

　主格 "I" であれば、それが一人称単数の主語であることを示し、"me" であれば動詞の直接目的語（対格）あるいは間接目的語（与格）である

ことを示します。[1] 主格 "he" であれば三人称単数であり行為の主体が男性であることがわかります。このように屈折はある語と他の語との文法的な関係について形を変えることによって示しているのです。英語は本来、現代ドイツ語に見られるように、屈折によって文法的な関係をあらわす言語でした。たとえば、定冠詞は、それが付加される名詞の格 ── それが主語であるか、目的語であるのかなど他の語との文法的な関係、文法性 ── 男性名詞であるのか、女性名詞であるのか、中性名詞であるのか ── そして単数であるのか、複数であるのかという条件によってその形を変えました。

ドイツ語

	男性	女性	中性	複数
主格	der	die	das	die
属格	des	der	des	der
与格	dem	der	dem	den
対格	den	die	das	die

　しかし、英語がその歴史のなかで経験したラテン語や北欧語・フランス語など他言語との言語接触は、複雑な語形変化を簡略化させていきました。上に示した表からもわかるように、現代ドイツ語は定冠詞ひとつをとってもみても、性・数・格によってその形態を変化させます。このような変化を、英語もかつては保持していました。しかし、現代英語に

1　古英語、初期中英語においては、目的語も直接・間接で形が異なっていましたが、その後、対格（直接目的語）が与格（間接目的語）に吸収される形で衰退していきました。(Mosse 54, Burrow 19)

おいては性・数・格に関わらず、"the" のみが用いられています。

　文法性の消失を含むこのような変化は、古英語期のおわりから中英語期のはじめにかけて起こり、**中英語期にはほぼ完了**しました。特に屈折の消失は水平化 "leveling" と呼ばれ、**この現象こそが現代英語における最大の利点を生み出すこと**となりました。すなわち**文法の簡略化**です。1500 年の歴史のなかで生まれた**この現代英語の特徴**こそが、今、**世界言語としての地位を築く上での重要な要素の一つ**といえるでしょう。

★ 再帰代名詞の形（-self/selves）はもともと代名詞を強調する役割を担っていましたが、言語的変化の過程で現在の再帰代名詞としての役割を獲得していきました。また、その発達が二段階に分かれていたことから、**属格をとるもの（myself, yourself, etc.）**と、**与格形に基づくもの（himself, themselves）**の二種類が残りました。

（Mossé 95, Burrow 42）

14章　広がる Political Correctness
——現代英語とジェンダー

1. Political Correctness（PC）という思想には、人種・民族・宗教・障害・年齢・性差別など様々なものがあり、英語を変化させる一因となっています。[1]

　　1）語彙変化 [2]

chair<u>man</u>　→　chair<u>person</u>

spokes<u>man</u>　→　spokes<u>person</u>

steward<u>ess</u>　→　flight attendant/ cabin attendant[3]

Mrs/ Miss　→　Ms の導入による既婚未婚の差別化の撤廃

　　これらの変化は日本語でも見られます（例：看護婦→看護師、保母さん→保育士 etc.）が、以下の変化は日本語にはないものです。

1　相対的に見ると、言語的な差別に関してはイギリス英語よりアメリカ英語の方が敏感といえるでしょう。

2　こうした PC Terms の、**行き過ぎた傾向を揶揄**する人々がいることも事実です。例：<u>manner</u> を → <u>personner</u> に、history を <u>his</u>-story と異分析し、<u>her</u>story（*OED* s.v. herstory, n. In feminist use: history emphasizing the role of women or told from a woman's point of view; also, a piece of historical writing by or about women. 初例は 1970 年）といった幾分度を越した造語さえ生み出されています。

3　とりわけ、接尾辞 -ess のつく女性名詞の単語は、こうした PC の思想の影響もあり、急速に消えつつあります。Cf. doctress, poetess, authoress などは、もはや死語といえるでしょう。

[67]

2）文法変化

"singular they"（「単数の they」）の使用：

英語では、**代名詞 he/his/him を総称として使用する用法**がありま
す（「総称の he」）。例えば、Everyone has <u>his</u> preferences. や Someone
left <u>his</u> key on the desk. という文章において、**his は意図的に男性を
指しているのではなく、（その集団に女性が含まれているのであれ
ば）女性も、あるいは、（女性かもしれない）誰かを表しているに**
すぎません。しかし、これでは**女性の存在を無視しているように
見える**、という **PC** の観点から、**he or she, him（his）or her を使用
する流れ**が生まれました。しかし、この表現は冗長であるという
ことから、**"singular they"（「単数の they」）という、everyone や
someone を they/their/them で受ける用法が生まれ、徐々に定着し**
つつあります。

Everyone has <u>their</u> preferences.

Someone left <u>their</u> key on the desk.

2. 辞書の世界にも広まる PC

Oxford Dictionaries には **sexism（性差別）**的な用例の使用がみら
れると指摘されています。例えば、以下のような用例は、*Oxford
Dictionaries* が **sexism（性差別）**の定義とする "Prejudice, stereotyping,
or discrimination, typically against women, on the basis of sex: *sexism in
language is an offensive reminder of the way the culture sees women*" をまさに
反映しているものなのでは、という議論が起こりました。

1）rabid（熱狂的な、過激な）：a rabid <u>feminist</u>

2）shrill（金切り声）：the rising shrill of <u>women's</u> voices

3）psyche（心、精神）：I will never really fathom the <u>female</u> psyche

4）housework（家事）：she still does all the housework

5）research（研究、調査）：<u>he</u> prefaces <u>his</u> study with a useful summary of <u>his</u> own researches

→ "Why does the Oxford Dictionary of English portray women as 'rabid feminists' with mysterious 'psyches' speaking in 'shrill voices' who can't do research or hold a PhD but can do 'all the housework'?"

★ こうした指摘は多く人々の関心を引き、Oxford University Press は**「現在の用法を反映させたものにすべく、用例を見直す」**とコメントしています。言語習慣や表現は、人間またはその集団における人間関係が長年にわたって関連し、根付いたものである以上、それを人為的に変えることは容易なことではありません。しかし、**近年、人種・民族・宗教・障害・年齢・男女間にみられる差別意識への関心の高まりやその問題の深刻さ**もあってか、**PC terms** は急速に広がりつつあります。

参考文献

The Guardian Online.

<http://www.theguardian.com/books/2016/jan/25/oxford-dictionary-review-sexist-language-rabid-feminist-gender?CMP=Share_iOSApp_Other>

<http://www.theguardian.com/commentisfree/2016/jan/26/rabid-feminist-language-oxford-english-dictionary>

Oxford Dictionaries. Oxford: Oxford UP. Web. 15 Feb. 2016.

< http://www.oxforddictionaries.com >

The Oxford English Dictionary. 2nd ed. Oxford: Oxford UP, 1989. Web. 15 Feb.
2016.

寺澤盾『英語の歴史――過去から未来への物語』東京：中央公論社,
2008 年

15章　実際の英語の発音はどのように聞こえるか
——英語音声学入門

1.　英語の聞こえ方

　実際の英語の発音は、皆さんがイメージしている発音とは、ずいぶん響きが違うかもしれません。例えば、アメリカ英語の発音で、[ブリーヴェラ**ナーッ**]のような音のかたまりが聞こえたとしましょう。何と発音したと思いますか。正解は、believe it or not（信じられないかもしれないが）という4語から成る成句です。実際の英語の発音では、様々な音声現象が起こるため、聞き取りが難しくなります。英語を外国語として学ぶ私たちが、このような発音を聞き取れるようになるためには、実際に発音を繰り返し聞いて、耳を慣らすことが不可欠ですが、同時に、英語の発音に関する知識も必要です。そのような知識は、**英語音声学**（**English phonetics**）を学ぶことによって身に付けることができます。英語音声学は、英語の**音声**（**speech sound**）を科学的に研究する学問です。本章では、believe it or not を例として用い、この成句を聞き取るためには、具体的にどのような知識が必要かを見てゆきましょう。

2.　英語のリズム

　まず、様々な音声現象の源である英語の**リズム**（**rhythm**）について知ることが大切です。英語のリズムは、**強勢**（**stress**）がある音節（**syllable**）が、**ほぼ等しい時間間隔で規則的に出現する**ことによって作られます。すなわち、**強勢がある音節から次の強勢がある音節の直前までのまとまり**が、英語のリズムの単位となります。このようなまとまりを**脚**（**foot**）と呼びます。どの語に強勢が置かれるかは、原則として、**品詞によって**

[71]

決定されます。一般に、**内容語**（**content word**）と呼ばれる名詞・動詞（be 動詞は除く）・形容詞・副詞などには、強勢が置かれるのに対し、**機能語**（**function word**）と呼ばれる前置詞・接続詞・代名詞（指示代名詞は除く）・助動詞などには、強勢が置かれません。

　例えば believe it or not では、動詞の believe（の -lieve の部分）と副詞の not に強勢が置かれますので、(be) | **lieve** it or | **not** | のように、2 つの脚から成っているということになります（| は脚の切れ目を示し、believe の be- の部分は、脚に含めていません）。脚は、-lieve it or のように 3 音節から成る場合も、not のように 1 音節から成る場合もありますが、自然な発話では、**音節数に関係なく、全ての脚が同じ長さになるように発音される**傾向があります。これが英語のリズムです。そのため、脚に含まれる音節数が多くなると、個々の音節は早口で発音されます。例えば -lieve it or という脚では、強勢が置かれない代名詞の it と接続詞の or は、特に早口で発音されます。

3.　母音弱化と強形・弱形

　強勢がない音節の**母音**（**vowel**）は、弱く短く発音され、**母音弱化**（**vowel reduction**）によって、しばしば /ə/ などの**弱母音**（**weak vowel**）に変化します。例えば believe の be- は、/bɪ/ → /bə/ と変化することが多く、時には /ə/ の**脱落**（**elision**）によって /b/ だけになってしまうこともあります。believe が b'lieve［ブリーヴ］のように聞こえるのは、そのためです。

　また、機能語の多くは、**強形**（**strong form**）と呼ばれる強く発音される場合の発音と、**弱形**（**weak form**）と呼ばれる弱く発音される場合の発音を持っています。例えば or は、強形では、/ɔːr/ のように**二重母音**（**diphthong**）で発音されますが、弱形では、弱母音の /ə/ になり、［ア］

[72]

15章　実際の英語の発音はどのように聞こえるか

くらいにしか聞こえません。上で述べたように、機能語は、普通は強勢が置かれず、弱く短く発音されますが、弱形が用いられることによって、英語らしいリズムが生み出されます。

4.　音のつながり

　英語は、日本語と違い、/v/ や /t/ といった子音（**consonant**）で終わる語（例えば believe や it など）が非常に多い言語ですが、**子音で終わる語のすぐ後ろに、母音で始まる語が続く場合**には、しばしば2つの語が切れ目なく発音され、日本語と同様に、「子音＋母音」の形でつながって聞こえます。believe it or では、believe の /v/ と it の /ɪ/、it の /t/ と or の /ə/ が、それぞれつながって、/b(ə)líːvɪtə/ のように発音され、まるで1語のように聞こえます。

5.　母音の発音

　ここでは、it の母音 /ɪ/ と not の母音 /ɑː/ を取り上げます。/ɪ/ は、日本語の「イ」とは違い、「イ」と「エ」の中間くらいの響きがする母音ですが、強勢が置かれない場合は、弱母音となり、より「エ」の響きが強くなります。believe it が［ブリーヴェッ］のように聞こえるのは、そのためです。

　/ɑː/ は、日本語の「アー」より**口を大きく開けて**、口の奥の方で、**長めに発音**されます。この母音は、（1）英米共に、father の第1音節や calm などの母音として、（2）アメリカ英語では、not や problem の第1音節などの母音としても、用いられます。以前は、（2）は、**短母音**（**short vowel**）の /ɑ/ として、（1）とは区別されていましたが、実際には長めに発音され、今日の標準的なアメリカ英語では、両者は同一の**長母音**（**long vowel**）です。not が［ナーッ］のように聞こえるのは、そのためです。

[73]

6. /t/ の発音の変化

　同じ /t/ であっても、語の中での位置や、前後にどのような音が来る かという条件によって、実際の発音は変化します。アメリカ英語では、 **2つの母音に挟まれた /t/** は、弱く発音され、日本語のラ行の子音のよ うに聞こえます。2つの母音に挟まれたラ行の子音は、**叩き音（tap）** または**弾き音（flap）** と呼ばれますので、この現象は、/t/ の**叩き音化 （tapping）** または**弾き音化（flapping）** と呼ばれます。この現象は、1つ の語の中で生じる場合と、2つの語にまたがって生じる場合がありま す。前者では、**/t/ の後ろの母音に強勢がないこと**が条件であり、例え ば better が［ベラー］のように、party が［パーリー］のように聞こえま す。2つの語にまたがる場合には、/t/ の後ろの母音に強勢があってもな くても構いません。believe <u>it or</u> の下線部でも、この現象が生じ、/tə/ が ［ラ］のように聞こえます。

　また、英語の /t/ の音は、**すぐ前に母音があり**、すぐ後ろに母音が続 かない場合（すなわち、**すぐ後ろに別の子音が続く場合**、あるいは、**/t/ の音で語が終わる場合**）、しばしば破裂が聞こえなくなり、代わりに、 急に息を止めたような間（ま）が聞こえます。この時、話し手は、喉に ある**声帯（vocal cords, vocal folds）** に力を入れ、**声門（glottis）** と呼ばれ る空気の通路を閉じることによって、息を止めています。この音は**声門 閉鎖音（glottal stop）** と呼ばれ、私たちが驚いて「あっ！」と言う時や、 力を込めて「はいっ！」と言う時に、「っ」の文字で表される音です。 not が［ナーッ］のように聞こえるのは、そのためです。

7. 終わりに

　音声学（phonetics） は、実際の音声や音声現象を詳細に観察 し、正確に記述することを目的とする**言語科学（linguistic sciences）** の

[74]

一分野ですが、実用的な面として、外国語の音声教育への貢献も、その目的の1つとして挙げることができます。本章では、believe it or not が［ブリーヴェラナーッ］のように聞こえる仕組みを、英語音声学の知見に基づいて解説しました。このように、私たちは英語音声学を学ぶことによって、英語の発音に関する理解を深め、その研究成果を英語の発音の上達やリスニング力の向上に役立てることができます。

16章　アメリカ英語の成立

1.　アメリカ英語の歴史背景

　17世紀になると、国外に領土を求めたイギリス人たちは、英語を携えて**新世界**（**the New World**）と呼ばれる土地に向かって行きました。1607年には、ジョン・スミス（John Smith）率いる約100名の者がヴァージニア州ジェームズタウン（Jamestown）で入植を始めました。1620年には、イギリス国教会からの分離を主張する清教徒を含む102名の**ピルグリム・ファーザーズ**（**Pilgrim Fathers**）が、メイフラワー号でマサチューセッツ州プリマス（Plymouth）に移住して植民地を開きました。ここに、アメリカにおける英語の歴史が始まります。イギリスの劇作家で批評家でもあるショー（George Bernard Shaw）が興味深いことを言っています： "England and America are two countries separated by the same language." （このショーの言葉については、23章で解説していますので参照してください。）

2.　アメリカ英語の成立

　そもそも一つの言語であった英語が、どのようにして**イギリス英語**（**British English**）と**アメリカ英語**（**American English**）に分かれていったのでしょうか。17世紀と言えば、イギリスではシェイクスピア（William Shakespeare）、ミルトン（John Milton）そしてバニヤン（John Bunyan）らが活躍していた時代です。また、ジェームズ1世のもとで英訳された**欽定訳聖書**（**The King James Version of the Bible**）が世に出たのも**1611**年です（ちなみに、前述の Jamestown は彼にちなんで名付けられました）。すなわち、アメリカ英語の始まりは、現代においても名を馳せる文豪や

近代英語に大きな影響を及ぼした英訳聖書に用いられた、当時の英語そのものなのです。

3. イギリス英語とアメリカ英語の比較

今日でもイギリス英語とアメリカ英語の間に若干の差異が見られます。**アメリカ英語の方が急進的である特徴として、語彙の増大が挙げ**られます。新大陸に渡った入植者たちは、**ネイティブ・アメリカンの言語、オランダ語、フランス語、スペイン語、ドイツ語、アフリカ諸語と接触するうちに、それらの言語から様々な単語を借用**しました。特に同じゲルマン語であるオランダ語やドイツ語からは**翻訳借用（loan translation）** が目立ち、What gives?（< ドイツ語 Was gibt's?）のように、現代まで連綿と続いています。また、**イギリス英語より洗練されたつづり字が確立したのは、ウェブスター（Noah Webster：1758-1843）の貢献**によるもので、英 theatre に対する米 theater、英 honour に対する米 honor、英 travelling に対する米 traveling のようなつづり字は、彼に負うところが大きいのです。彼が世に送った *The American Spelling Book* (1783) や *An American Dictionary of the English Language* (1828) は、アメリカ英語の成長には欠かせませんでした。他方、**アメリカ英語の方が保守的である理由は、17 世紀のイギリスで廃れつつあった発音や文法・語法の慣用**にあります。**仮定法現在形が公式文書のような文体のみ**ならず、日常的な新聞記事にもしばしば見られるのは、**アメリカ英語の特徴**です。また、「思う」という表現として I think や I suppose ではなくて、**I guess や I reckon の使用がアメリカ英語ではよく見られます**：**I guess** yeh'll come out about right.（Stephen Crane, *The Red Badge of Courage*）／ **I reckoned** I wouldn't say nothing about the dollar . . .（Mark Twain, *The Adventures of Huckleberry Finn*）　ちなみに、**I reckon と同義の I calculate**

も「計算する」から「思う」に発展しましたが、これは**アメリカ英語起源**と考えられています：[T]he wind . . . , **I calculated**, was blowing nearly from the south.（Jack London, *The Sea Wolf*）

4. まとめ

このように、**17 世紀のイギリス英語に端を発したアメリカ英語**ですが、それ以降は様々な面で独自の発展を遂げてきました。そこには、旧大陸から奴隷として連れて来られた**黒人たちの英語**や、スペイン語を母語とする**ヒスパニックの英語**といった変種も見過ごすことは出来ません。

Exercise 1: 以下の言語からアメリカ英語に借用された単語を見て、それらに共通する特徴を指摘してください。

1. ネイティブ・アメリカンの言語

   persimmon, raccoon, skunk, squash

2. フランス語

   bayou, crevasse, levee, voyageur

3. スペイン語

   hacienda, ranch, rodeo, wrangler

4. ドイツ語

   lager, noodle, sauerkraut, smearcase

5. アフリカ諸語

   banjo, jumbo, voodoo, zombie

Exercise 2: イギリス英語とアメリカ英語の語彙の違いについて、日本語を参考にして、以下の空欄を埋めてください。

16章　アメリカ英語の成立

	イギリス英語	アメリカ英語
1. 列（人・車など）	＿＿＿＿＿＿	＿＿＿＿＿＿
2. アパート	＿＿＿＿＿＿	＿＿＿＿＿＿
3. エレベータ	＿＿＿＿＿＿	＿＿＿＿＿＿
4. ガソリン	＿＿＿＿＿＿	＿＿＿＿＿＿
5. 郵便	＿＿＿＿＿＿	＿＿＿＿＿＿

17章　聖書と英語（1）
——聖書の英語訳と英語の変遷

　英語は度重なる他言語との接触によって、その**特質を変化**させてきました。時間とともに変化してきた英語を知る上で、もっとも重要な資料となるのが聖書の英語訳です。聖書の内容は、時間の経過とともに変わることがありません。**聖書は内容・文体・ジャンルにおける同一性**により、一見しただけでその**言語的な変化の過程**をたどることが可能です。次の引用は新約聖書『マタイによる福音書』7章13節から14節です。

　　　Present-day English（*The New English Bible*, 1961）:

　　　　13 Enter by the narrow gate.　The gate is wide that leads to perdition,
　　　　　　there is plenty of room on the road, and many go that way;

　　　　14 But the gate that leads to life is small and the road is narrow, and
　　　　　　those who find it are few.

　この一節は、古英語・中英語・近代英語においてどのような語彙・表現によって翻訳されてきたのでしょうか。翻訳の歴史をたどってみましょう。

　　　Old English（*c.*1000）:

　　　　13 ȝaɳȝað iɳɳ þurh þæt nearwe ȝeat; forþon þe þæt ȝeat is swiþe wid,
　　　　　　and se weȝ is swiþe rum þe to forspillendnesse ȝelæt, and swiþe
　　　　　　maneȝa sind þe þurh þone weȝ farað.

　　　　14 Eala hu nearu and hu anȝsum is þæt ȝeat, and se weȝ þe to life

ȝelæt, and swiþe feawa sind þe þone weȝ finden.

Middle English (Wycliffite Bible, *c.*1375):

13 Enter ȝe bi the streyt ȝate; for the gate that ledith to perdicioun is
brode, and the weye large, and ther ben many that entren bi it.

14 How streit is the ȝate, and narewe the weye, that ledith to lijf, and
there ben fewe that fynden it.

Modern English I (William Tyndale, 1525):

13 Enter in at the straye gate; ffor wyde is the gate, and broade ys the
waye thatt leadeth to destruccion, and many there be which goo
yn there att.

14 For strayte ys the gate, and narowe is the waye, that leadeth vnto
lyfe, and feawe there be that fynde it.

Modern English II (*The Authorised Version*, 1611):

13 Enter ye in at the strait gate: for wide is the gate, and broad is the
way, that leadeth to destruction, and many there be which go
yn? thereat:

14 Because strait is the gate, and narrow is the way, which leadeth
unto life, and few there be that find it.

古英語による聖書の翻訳は、**見慣れない文字が多く用いられていること**がわかります。また、単語一つをとってもみても、その形から現代英語に対応する語彙を推測することは困難です。

次に**ウィクリフ派聖書（Wycliffite Bible）**を見てみましょう。**14 世紀**

[81]

後期にもなると、その形や文法などが現代英語に近づいていることがわかります。16 世紀と 17 世紀の英語訳聖書の間に違いはほとんどありません。このように、聖書の英語訳の変遷を通時的に追っていくことによって、各時代の英語の語彙や文法における特質を実感することができます。[1] 聖書の英語訳の歴史とは、英語という言語の変化の歴史でもあるのです。

★ 聖書からの引用は、David Burnley, *The History of English Language: A Source Book,* 2nd ed. Harlow: Pearson Education, 2000: 388-98 による。

参考文献

ウォルター・J・オング『声の文化と文字の文化』（桜井直文・林正寛・糟谷啓介訳），東京：藤原書店，1991 年

1 　年代を追って聖書をみていくと、文の構成も変化していることがわかります。印刷術の導入以前、人々の間に個人的な読書の習慣がまだ根付く前の時代の聖書は、声の文化に特有の累加的な構造（and の多様）を持っていました。しかし、年代が下り黙読の文化が広まるに従って、聖書の文言もより複雑化していきました（従属節の使用）。また、聖書では、現代の日常英語ではほとんど使用されなくなった二人称単数の thou が使用されています。

18章　聖書と英語（2）

18章　聖書と英語（2）
——聖書とイギリスの文化・文学

　文学作品、ニュース、新聞、日常会話など、様々な場面で、**聖書に由来する諺や常套句**に接することができます。英語に限った話ではありませんが、**聖書は英語圏の人々の日常生活に深く浸透**しており、そこで描かれたエピソードを背景に多彩な表現が使用されています。

1.　聖書を引く悪魔

SHYLOCK

When Jacob grazed his Uncle Laban's sheep—

This Jacob from our holy Abram was

(As his wise mother wrought in his behalf)

The third possessor; ay, he was the third—

....

ANTONIO

　　　　　Mark you this, Bassanio,

The devil can cite Scripture for his purpose!

（*The Merchant of Venice* 1. 3. 79-82, 105-06）

ヤコブが彼の伯父、ラバンの羊を放牧させていたとき——

このヤコブは、儂らの聖なるアブラハム様のご子孫で、

（賢いお母様が、彼の為にうまく立ち回ったおかげで）

[83]

三代目の跡継ぎになったのでして。ええ、三代目でした
. . . .

聞いたか、バサーニオ、

自らの目的の為なら、悪魔は聖書でもひも解くのだ！

（著者訳）

ウィリアム・シェイクスピア（William Shakespeare）の喜劇『ヴェニス
の商人』（*The Merchant of Venice*）から、主人公のアントーニオが、高利貸
しのシャイロックについて毒づいた科白を引用しました。ここで使用さ
れている "The devil can cite Scripture for his purpose" は、現在も諺として
使われています。たとえ良いものであっても、悪用される、ということ
を意味します。文中の "Scripture" は頭文字が大文字になっており、「聖書」
を指しています。悪魔が聖書を引く—この諺を使ったアントーニオの科
白をより深く理解するためには、私たちも聖書をひも解かなければなり
ません。

　この諺が生まれた背景には、新約聖書における有名なエピソードがあ
ります。『マタイによる福音書』の４章１節から 11 節に書かれている、「悪
魔の誘惑を受けるキリスト」の挿話です。ここでは、悪魔が旧約聖書の
一部（『詩編』91 章 11、12 節）を引用して、キリストの信仰を試します。
目的のためならば手段を選ばない悪魔の行いが、諺となって英語に定着
したのです。

　元となったエピソードを知ることで、**諺の表面的な意味だけではなく、
聖書を引用する「悪魔」の狡猾さにも気づくことができるでしょう。**『ヴ
ェニスの商人』に登場する高利貸しのシャイロックはユダヤ人であり、
カトリック教徒のアントーニオは、彼を毛嫌いしています。特に、シャ

18章　聖書と英語 (2)

イロックが利息付きで金を貸すことについて、許しがたく思っていました。[1] 対して、シャイロックは旧約聖書のヤコブの逸話を引き合いに出し、利息を取ることの正当性を訴えようとします。[2] こうしたシャイロックの言動を、諺の中の「悪魔」に重ね合わせて、アントーニオは彼に対する敵意を表現したのです。このように、諺ひとつの使用からでも、登場人物たちの人間関係や、その裏にある心境というものが広がって見えてきます。

2.　食べて、飲んで、楽しんで…？

"Eat, drink, and be merry, for tomorrow we diet."

「食べよ、飲めよ、楽しめよ、ダイエットは明日からだ」

　イギリスの科学雑誌 *New Scientist* の電子版の中で使用されていた一文です。元となっているのは、"Eat, drink, and be merry, for tomorrow we die"（「食べよ、飲めよ、楽しめよ、明日には死ぬのだから」）という常套句です。文末の "die" を "diet" にもじったものだと気付けば、なかなか面白い一文だと思うかもしれません。元となった常套句の快楽主義的な生活が、転じて、今や "diet" をしなければならなくなった、という変化をも示唆しているのでしょう。更に、ダイエットは明日から、という「甘え」も表現されており、読む人によっては手痛い一文となっています。

　この常套句も旧約聖書に由来するものです。元となった文章は、以下の二つです。

1　キリスト教では、教義上、金銭の貸し借りに利息をつけることを禁止していました。
2　旧約聖書はユダヤ教においても聖典であり、必ずしも、シャイロックに聖書を悪用する意図があったとは限りません。

[85]

"Let us eat, drink; for to morrow we shall die." (『イザヤ書』の 22 章 13 節)

"Then I commended mirth, because a man hath no better thing under the sun, than to eat, and to drink, and to be merry . . . ." (『コヘレトの言葉』第 8 章 15 節)

特に『イザヤ書』の一文は、享楽的な生活を送っていたエルサレムの民の言葉として書かれています。ただし、エルサレムの民の振る舞いは神の怒りに触れており、決して彼らの暮らしぶりが褒められたものではないことが描かれています。**聖書の背景的な知識**があれば、この常套句のパロディから、"for tomorrow we diet" と、**甘える人々への戒めが読み取れる**かもしれません。

3. 聖書に由来する常套句・諺

- **Blood will have blood** 「血は血を呼ぶ」

  旧約聖書『創世記』9 章 6 節より。「因果応報」を意味する。シェイクスピアの悲劇『マクベス』(*Macbeth*) において、主人公マクベスの科白に使用されています。

- **The East of Eden** 「エデンの東」

  旧約聖書『創世記』4 章 16 節より。兄カインが弟アベルを殺した後、逃亡した土地。ジョン・スタインベック (John Steinbeck) が、この逸話を題材にして、同名の長編小説を書きました。

- **Evil communications corrupt good manners**
  「悪いつきあいは、良い習慣を台無しにする」

18 章　聖書と英語（2）

新約聖書『コリントの信徒への手紙 一』15 章 33 節より。「朱に交われば赤くなる」と同義。

・**Faith will move mountains**　「信仰は山をも動かす」

新約聖書『マタイによる福音書』17 章 20 節より。現在は、「不可能を成し遂げる、努力をする」という意味で使用されています。

・**Fight the good fight**「立派に戦いぬく」

新約聖書『テモテへの手紙 一』6 章 12 節より。「信念・信仰を貫く」という意味で使用されています。

・**A house divided cannot stand**　「分断された家は立ちゆかない」

新約聖書『マタイによる福音書』12 章 25 節より。"House Divided Speech" で知られる、1858 年 6 月 16 日のリンカーン大統領の演説の中で使用されました。

・**Legion**「レギオン」

元は古代ローマの「軍団」を指します。新約聖書『マルコによる福音書』5 章 9 節に登場する悪霊が、自らの名を「レギオン、大勢だから」と言った逸話にもとづき、「無数」、「霊の集合」という意味でも使用されます。

・**Lilies of the field**「野の百合、野の花」

新約聖書『マタイによる福音書』6 章 28 節より。飾らない美を讃える表現。ウィリアム・エドマンド・バレット（William Edmund Barret）の長編小説、及び、その映画の題名に使用されて

[87]

います。

· **Lily of the valley(s)**「谷間の百合」
　旧約聖書『雅歌』2章1節より。スズラン、また、春の花の象徴。
オノレ・ド・バルザック（Honoré de Balzac）の長編小説の題名に
も使用されています。

· **Magi**「東方の三賢者」
　新約聖書『マタイによる福音書』2章1節から12節より。キリ
ストの生誕を祝福して、贈り物をした占星学者たち。オー・ヘン
リー（O. Henry）の短編小説『賢者の贈り物』（*The Gift of the Magi*）
の題名の由来となっています。

· **Scapegoat**「贖罪のヤギ」
　旧約聖書『レビ記』16章8節から10節より。モーセの兄・アロ
ンに、神が指示した贖罪の供物。転じて、「犠牲」や「身代わり」
としての意味で使用されています。

· **If you won't work you shan't eat**　「働かざる者、食うべからず」
　新約聖書『テサロニケの信徒への手紙 二』3章10節より。"shan't"
は "shall not" の縮約形。口語的な表現。

　これらの例が示すとおり，**聖書は身近なものであり、そして、英語と
いう言語に密に結びついています**。聖書に収められた挿話や教訓、多様
な表現は、英語と、それによって支えられているイギリスの文学と精神
とに深く根付いています。**宗教的な聖典としてだけではなく、聖書はイ**

ギリスを含むヨーロッパの言語の文化的なリソースとして、忘れてはならない存在なのです。**英語の世界を理解するうえで、まさに聖書は必読の書**といえるでしょう。

Exercise：　聖書に由来する以下の作品の作者名を調べてみましょう。

1）*Salomé*（1891）：新約聖書の各福音書に記述されている、洗礼者ヨハネの死にまつわる挿話を題材とした作品。タイトルに名前が使用されているサロメは、ヘロデ王の後妻ヘロディアの娘で、洗礼者ヨハネの死の原因となりました。

2）*The Tree of Knowledge*（1900）：旧約聖書の『創世記』において、エデンの園に植えられた「善悪を判断する知恵を与える木」。

3）*Absalom, Absalom!*（1936）：タイトルの Absalom は、旧約聖書『サムエル記』に登場する、ダビデ王の息子の名前。

4）*Go Down, Moses*（1942）：旧約聖書『出エジプト記』において、神がモーゼにイスラエルの民を開放するように命じた場面に由来する。また、同名の黒人霊歌（Spirituals）もあります。

5）*The Garden of Eden*（1986）：旧約聖書の『創世記』に書かれている、神が最初にアダムとイヴを住まわせた楽園に由来する。転じて、「理想郷」という意味で使用されます。

★ 英米文学ではありませんが、キェルケゴール、（Søren Aabye Kierkegaard）『野の百合、空の鳥』（1849）は、諺の例に挙げた、

[89]

新約聖書『マタイによる福音書』の中の記述に由来します。また、映画作品、*Armageddon*（邦題『アルマゲドン』、1998 年公開、マイケル・ベイ監督）は、新約聖書の『ヨハネの黙示録』16 章に書かれた、「世界の終末」を指します。

参考文献

New Scientist Online.

https://www.newscientist.com/

https://www.newscientist.com/article/mg21228441-200-eight-lazy-ways-to-lose-weight/

Drakakis, John, ed. *The Merchant of Venice*. by William Shakespeare. London: Arden Shakespeare, 2010.

Speake, Jennifer, ed. *The Oxford Dictionary of Proverbs*. 5th ed. Oxford: Oxford UP, 2008.

日本聖書協会訳『新共同訳聖書』東京：日本聖書協会，1999.

19章　英語史における主要時代区分

　アングロ・サクソン人がブリテン島に移住して以来、**英語には 1500 年もの歴史があります**。私たちの母語である日本語がそうであるように、英語もこの長い時間のなかで変化を遂げてきました。そして、その変化は劇的なものでした。

　英語の歴史は大きく3つの時期に分けることができます。アングロ・サクソン人のブリテン島移住開始を西暦 450 年ごろとすると、**ノルマン人のイギリス征服**（**Norman Conquest：1066**）を経て 1100 年ごろまでの英語を「**古英語**」（**Old English**）といいます。この時期の英語は、ドイツ語によく似ています。**1100 年から 1500 年ごろまでの英語は、「中英語」**（**Middle English**）と呼ばれます。この時期に英語が経験した変化は著しく、**現代英語の基礎が形作られた**といっても過言でありません。北欧語から三人称代名詞複数形 they, their, them や 前置詞 till などの機能語が英語の語彙に取り入れられました。また、**ノルマン人のイギリス征服を契機にフランス語からの借用語が激増**しました。**最大の変化は、文法上の性の消失や屈折の単純化といった文法の簡略化です。**中英語期に起きたこれらの変化は、**現代英語の特徴**そのものということができるでしょう。

　そして **1500 年以降、現代にいたるまでの英語は「近代英語」**（**Modern English**）といいます。古英語・中英語期に起きた変化は、言語の本質にかかわるものでした。一方で、近代英語期に起きた変化はそれまで育まれてきた英語の特質を変容させるものではなく、むしろ**英語という言語を洗練させるもの**でした。同時に、この時期には航海術の向上により、**エリザベス 1 世の治世以降、イングランドと英語は世界へと進出して**

いきました。

　この**積極的な海外進出**が、19世紀ヴィクトリア女王の時代のイギリスの繁栄の礎となりました。これは、**英語が世界共通語となるための重要なステップ**でもありました。この政策がアメリカ、カナダ、オーストラリア、ニュージーランドをはじめとして、世界各地に英語を母語とする地域を拡大させるとともに、現在もっとも多くの国々で話されている言語としての英語の地位を確立したのです。

　20世紀以降の英語は特に「**現代英語**」（**Present-day English**）と呼ばれることがあります。21世紀を迎え、**1500年という歴史のなかで培われてきた言語的な特性**と、**世界各地に英語圏を創り上げた**ことが、グローバル化にともなう**世界共通語としての英語の地位**を揺るぎないものにしつつあります。

20章　辞書の中に見る英語の諸相

　昨今ではいずれの辞書においても CD-ROM 版や DVD-ROM 版が入手でき、検索はもちろんのこと、百科事典的な機能や視覚資料、音声を収録しているものも見られます。特に学習者向け辞書においては、学習上便利な機能が付加されているものが多くあります。これらの**辞書は、それぞれの特徴を理解して使いこなせば、無限の可能性を帯びた宝庫と**なるでしょう。英語学のみならず英米文学の学習・研究において特に欠かすことのできない 10 点の辞書を以下に掲げ、解題を付します。なお、* 印を付したものは特に使用を薦めたい辞書です。

- ****Oxford English Dictionary** on Historical Principles*. 2nd ed.　1989.（= *OED*）

- *Shorter Oxford English Dictionary on Historical Principles*. 6th ed. 2007.（= *SOD*）

- **Concise Oxford English Dictionary*. 12th ed. 2011.（= *COD*）

- *Pocket Oxford English Dictionary*. 11th ed. 2013.（= *POD*）

- *Webster's Third New International Dictionary of the English Language, Unabridged*. 1961.（= *Web3*）

- *Oxford Advanced Learner's Dictionary*. 9th ed. 2015.（= *OALD9*）

- **Longman Dictionary of Contemporary English*. 6th ed. 2014.（= *LDOCE6*）

- *Collins COBUILD Advanced Learner's Dictionary*. 8th ed. 2014.（= *Cobuild8*）

- * 小西友七、南出康世編『**ジーニアス英和大辞典**』大修館、

[93]

2001 年.

- 高橋作太郎他編『リーダーズ英和辞典』第 3 版、研究社、2012 年.

- *OED*

イギリスが世界に誇る大辞書。1857 年から 1928 年の初版完成までにほぼ 70 年を要しました。第 2 版を元にしたオンライン版の収録総語数は約 60 万語以上。用例は約 300 万。引用された著者数は 5000 以上に及びます。「**歴史的原理に基づいて**」という方針が本辞書の最大の特色であり、**中英語以降の文献に現われる全ての普通語**について、綴字や語義などを可能な限りさかのぼり、**歴史的に現われる順序**で並べてあります。記述の詳しさは、たとえば動詞 be の項目において、語形の例示のみで 2 ページに及ぶほどです。英語研究のあらゆる分野において欠かすことのできない辞書です。(22 章「*OED* と世界共通言語としての英語」も合わせて参照してください。)

- *SOD*

OED の「公式な」縮約版です。*OED* の最大の特徴である「**歴史的原理**」はそのまま据え置かれ、初出年や(廃語の場合)最終年が付され、語の歴史が一目瞭然です。ある語の歴史をひもとく際、*OED* に当たる前に本辞書で概要を把握しておくという方法は、実際的にして有効な手段でしょう。**英語学研究上、不可欠の辞書**だといえます。

- *COD*

模範的な中型辞書として広く長く英語を母語とする話者に受け入れられてきた辞書。のちの英和辞書編纂にも多大な影響を与えてきま

[94]

した。*OED* を参考にして 24 万の語彙がコンパクトに収められていますが、「**歴史的原理**」ではなく、語義の論理的関連を重視する、いわば「**共時的原理**」に基づいて編纂されているのが特徴です。近年の版では、語義の文体も、使用者にとって馴染みやすいものになってきています。成句表現にも強い辞書といわれています。机上に置くべき一冊。

• *POD*

COD をさらにコンパクトにし、収録語彙を約 12 万語に絞ったポケット版。単なる縮約版ではなく、言語百科的な特色を有し、独自の存在感を持つ辞書として、英語を母語とする話者の間で定評があります。英語学の学生必携。

• *Web3*

アメリカ英語の辞書として、また単巻の辞書としては最大のもので、約 46 万語を収録しています。収録語義は時代範囲を 1755 年以降に限定。初代編纂者ノア・ウェブスター以来の伝統で、科学技術の新語にも強いのが特徴です。アメリカ英語の単語と用法、句動詞（phrasal verb）の語義について詳しく説明されています。**アメリカ英語研究には不可欠**。

• *OALD9*

世界初の学習者向け英英辞書として、規範的な地位を保持しています。可算・不可算名詞の区別、動詞のとりうる文型（verb pattern）を例示するなど、学習者の文法事項への問いに答える辞書として、1948 年の初版以来注目されてきました。近年の改訂版では British

National Corpus などの電子コーパスが利用され、現代英語の基準が適切に映し出されています。英語学習者必携。

- ***LDOCE6**

OALD の対抗馬として、もう一つの学習者向けの代表的な英英辞書。フルカラーを採用し、"**living English**" にこだわるなど、使いやすさへの創意工夫を随所に感じさせます。精選された平易な語彙を使った定義づけにも定評があります。**発信型の英語学習に最適**な一冊。

- **Cobuild8**

イギリスの出版社と大学の産学協同により構築された電子コーパス Bank of English を最大限に活用し、語義そのものを例文の形で付与するという特徴的な手法を取っています。**語義区分を使用頻度順に**並べている点が最大の売りです。電子コーパスから精選された信頼性の高い例文を集め、英語学習者の求める「生」の英語表現を満載しています。*OALD* や *LDOCE* が伝統的であるのに対し、*Cobuild* は野心的で独特な辞書ですが、版を重ね、使いやすさにおいても洗練されてきた感があります。**発信型の英語学習**に威力を発揮するでしょう。

- * 『ジーニアス英和大辞典』

25万5千語を収録した、日本を代表する大英和辞書。2000万語の独自のコーパスを用いて編纂されています。特にこれまで看過されてきた**口語表現の語法、文法**など、日本人学習者のニーズを満たすに十分な情報量を有しています。日本人の英語学習者、特に大学生にとって必携の一冊。

20章　辞書の中に見る英語の諸相

• **『リーダーズ英和辞典』**

補完版である『リーダーズ・プラス』とあわせて 54 万語の収録語数を誇る、上級英語学習者に是非使いこなしてもらいたい英和辞書。その専門性ゆえに、研究者、翻訳者などプロに支持されていますが、語源や表現の来歴に関する**言語百科的な情報**も豊富であり、現代英語の背景を学ぼうとする学生にとっても非常に有用。

★ *OED* 初版の編纂事業について、サイモン・ウィンチェスター（Simon Winchester）によるノンフィクション作品が出版されています。彼の代表作の一つとなった、*The Surgeon of Crowthorne*（『博士と狂人』）には、編纂主幹となったジェームズ・マレー博士（Dr. James Murray）と、その協力者である W. C. マイナー博士（Dr. W. C. Minor）との関係が、*The Meaning of Everything: The Story of the Oxford English Dictionary*（『オックスフォード英語大辞典物語』）では、マレー博士と編纂スタッフたちとの作業風景が描かれています。言語学者として、また、『指輪物語』の著者としても有名な、トールキン（J. R. R. Tolkien）も *OED* の編纂者の一人でした。（ファンタジー文学作家としてのトールキンについては、5 章を参照してください）

このような作品を通して、自分たちが使用している辞書の背景を知ることで、より一層、辞書の性質や目的を理解することができます。また、多くの言語学者たちが、それほどの労力と熱意を込めて自国語の辞書を作る意義とは何か、ということを考える機会を与えてくれるでしょう。

[97]

参考文献

Winchester, Simon. *The Surgeon of Crowthorne: A Tale of Murder, Madness and the Oxford English Dictionary*. New ed. London: Penguin Books. 1999.

サイモン・ウィンチェスター『博士と狂人：世界最高の辞書 OED の誕生秘話』（鈴木主税訳），東京：早川書房，1999 年

Winchester, Simon. *The Meaning of Everything: The Story of the Oxford English Dictionary*. Oxford: Oxford University Press. 2003.

サイモン・ウィンチェスター『オックスフォード英語大辞典物語』（苅部恒徳訳），東京：研究社，2004 年

21章 複合・派生と現代英語における豊かな語彙

1. 英語のもっとも長い単語

pneumonoultramicroscopicsilicovolcanoconiosis

上の単語が英語の最も長い単語としてよく取り上げられます。一見すると複雑で構造が理解しがたいようなこの単語においても、多くの要素から構成されていることが理解できます。

Exercise： この単語が、いくつの語の要素から構成されているか分析してみてください。

___

2. 複合と派生

新しい語を作り出すには2つの方法があります。それは、**複合（compounding or composition）** と**派生（derivation）**という方法で、古英語の時代から多くの語彙を生み出し、英語の語彙を豊かにしてきました。

1）複合

独立した意味を持つ2つ以上の単語を組み合わせて、新たな意味の単語を作り出します。こうして作られた語を複合語（**compound**）といいます。ゲルマン語（英語やドイツ語、オランダ語などが属する言語の系統）における**伝統的な語形成（word-formation）の方法**です。いくつか具体例を挙げましょう。

[99]

名詞　：yellow jacket*, redneck, butterfingers, greenhouse, airport, warehouse

形容詞：easygoing, eye-catching, diehard, old-fashioned, self-employed, open-minded

動詞　：underestimate, hand-wash, spoon-feed, double-coat, sweet-talk, overeat

* yellow（黄色の）+ jacket（上を覆うもの）= yellow jacket（スズメバチ）

★ ゲルマン語に特徴的な複合という語形成は、以前ほど盛んではないと言われていますが、この方法により重要な単語が現在も多く作られています。

2）派生

　　　独立した意味を持つ単語に接辞（**affix**）を付加することによって、品詞を変えたり、意味を変化させたりすることです。いくつか具体例を挙げましょう。

　　接頭辞（**prefix**）：anti-, ex-, in-, un-, pre-, re-, de-, dis-, mis- など
　　ex-president, incomplete, unhappy, undo, reopen, disobey, misunderstand

　　接尾辞（**suffix**）：-able, -ation, -er, -ing, -ive, -ful, -(i)al, -less, -en, -ity, -ize, -ly, -ness など
　　washable, protection, singer, impressive, beautiful, hopeless, slowly,

[100]

happi<u>ness</u>

意味変化：complete（完全な）･･･ in- + complete = incomplete（不完全な）

品詞変化：slow（形容詞）･･･ slow + -ly = slowly（副詞）

3. まとめ

最初に示した英語で一番長い単語を分解してみると、

pneumono- =「肺の…」

ultra- =（接頭辞）「超・極・過…」

micro- =「微・小…」

scopic- =「見る」

silico- =「ケイ素」

volcano- =「火山」

coni- =「ちり、粉末、粒子」

-osis =（接尾辞）「…症、…（病気）の状態」

という8つの要素からこの単語は構成されています。これは、**複数の語の要素に接頭辞、接尾辞を付加し、複合と派生という作用が組み合わさって作り出された興味深い単語の例**といえるでしょう。この単語の意味は、「（ケイ性）肺塵症」という病名です。

★ **複合（compounding or composition）と派生（derivation）という語形成の方法**によって、ある特定の意味を持つ語から、さらに多くの語が作られ、現代英語の特徴である＜**豊かな語彙**＞に少なからず貢献しているといえるでしょう。とりわけ、派生（derivation）

による語形成は歴史的に多くの主要な語彙において見られ、多くの派生語（**derivative**）を生み出してきました。

22章　*OED* と世界共通語としての英語

1.　*OED* 編纂の歴史とその変遷

　The Oxford English Dictionary（*OED*）は現在**世界最大の英語辞書**です。
1857 年の The Philological Society の会合で、当時の英語辞書の欠陥を補
い得る「新しい英語辞書」を編纂しようという提案をきっかけに、*A
New English Dictionary*（*NED, 後の OED*）の事業が始まりました。その
提案では、以下の三つの基本原則が示されました。

1. 選ばれた語のみではなく、「**あらゆる**」**語を掲載**すべき
2. **各語の綴字や語義を各世紀の代表的な用例を示しながら、歴史的
   に示すこと**
3. 英語で書かれた文献のすべての領域からあらゆる語を集めること

　これらの初期の提案は、現在の *The Oxford English Dictionary* の最大
の特徴となっています。最初の提案から 70 年を費やし、1928 年に *A
New English Dictionary on Historical Principles; Founded Mainly on the Materials
Collected by the Philological Society*（全 10 巻）として出版されました。ま
た、1933 年に補遺を含めた全 13 巻で *The Oxford English Dictionary of the
English Language on Historical Principles* として出版されます。さらに、1933
年以降の補遺を作る必要が生じたために、Onions の門下であった R. W.
Burchfield（1923-2004）を中心に、4 冊の新補遺が作成され、1989 年に
第 2 版として出版されました。

[103]

2. 編纂に携わった人たち

この大事業の象徴とも言うべき、4人の人物がいます。James A. H. Murray（1837-1915）、Henry Bradley（1845-1923）、W. A. Craigie（1867-1957）、C. T. Onions（1873-1965）です。Murray は 1879 年 3 代目編纂主幹となり、現在の形の *OED* の基本的な骨格を作り上げた人物です。Bradley は、1887 年に共同編纂者として迎えられ、1915 年の Murray の死後、編纂主幹となります。この両名は *OED* の完成を目にすることはありませんでした。この事業を完成させたのは、Bradley の下で 4 年間編纂見習いの後、1901 年に第 3 の共同編纂者となった Craigie と、1914 年に加わった Onions の両名でした。この両名は *OED* 完成の直後から補遺の編纂にあたり、さらに Onions は *OED* の基本方針を引き継ぎつつ最新の研究成果を反映させた *The Oxford Etymological Dictionary*（1966）も編纂しました。

3. *OED* の特質

このような壮大な辞書に匹敵する辞書は、現在のところ世界中を探しても見当たりません。**初出から現在までの語の意味の変遷すべてを網羅している辞書**を有していることで、英語という言語に自信と誇りを持つことができるのです。また、そのようなしっかりとした背景を持つということが、**英語を世界言語に押し上げている原動力のひとつ**であるといえるでしょう。

OED の最大の特徴は**各単語の語義を歴史的に辿っている**ことです。しかしこれは、*OED* が単なる過去の時代の記録のみを意味しているのではありません。現在 *OED* はオンライン版（www.oed.com）で常に更新されており、日本語など世界中の言語から取り入れた語彙も追加されています。つまり、この辞書は、英語の発達を示す重要な記録であるの

22章　*OED* と世界共通語としての英語

みならず、**拡大しつつある英語が直面している現状の変化、その多様性をも示す貴重な文献**なのです。

4.　*OED* の活用例

　それでは、*OED* の活用の仕方の一例を紹介します。ここでは "lady" という語を *OED*（オンライン版）で引いてみましょう。

1）"lady" の古い時代のスペリングが分かる。

　　Forms というところを見ると、これまで書かれた英語の文献の中で "lady" がどのような綴りで綴られてきたかが一覧できます。

　　OE hlæfdie OE hlæfdig（rare）, OE hlafdia（Northumbrian）, …
　　… ME laday, ME laddy, ME lade ….
　　… pre-17 17– lady

　　これを見ると、"lady" は **OE**（=**Old English: 500 年〜 1100 年頃の英語**）では hlæfdie, hlæfdig, hlafdia, hlafdige などのように綴られたことが分かります。**ME**（=**Middle English: 1100 年〜 1500 年頃の英語**）では laday, lady, lade などのつづりがあり、その後 17 世紀前後（pre-17 は「17 世紀に入る前」の意味）に現れ始めた lady というつづりが結果的に現在まで残ったということが *OED* から見て取れます。（英語の時代区分については、19 章を参照して下さい。）

2）"lady" の意味の歴史が分かる。

　　OED では**意味を古い順から掲載**しています。最初の語義がそ

[105]

の単語の最も古い意味です。その意味は、現代英語では使われていない、あるいは古めかしくなってしまった意味のことが多いです。例えば lady の英語における最古の語義説明には次のように書かれています。

The female head of a household; a woman who has authority over servants, attendants, or slaves（now chiefly *arch.* or *hist.*）

家族の女主人。召使いや従者、奴隷の管轄をしていた女性（現在では主に擬古的。）

現代英語の "lady" は、主人であることとは関係なく一般的に「女性」を指しますから、最古の意味とはかなり違いますね。しかし "woman" よりずっと丁寧な表現です。そのことは、かつて "lady" が「女主人」、つまりある程度地位の高い女性を指していたことと無関係ではないでしょう。

3) "lady" の語源が分かる。

etymology「**語源**」のところも見てみましょう。こんなことが書いてあります。

…< *loaf* n.1 + an otherwise unattested Old English *dige, lit. 'kneader' (compare *dey* n.1) < the same Germanic base as Gothic *digan* to knead.

loaf「パン」+ *dige（古英語で「こねる人」"dey" も参照）（<ゴート語の *digan*「こねる」と同じ語基を持つゲルマン語から

発達

つまり **lady は元々 loaf + dige という二つの要素から成る複合語**だったことが分かります。loaf は現代英語でも「(パン) 一斤」という単位を表す言葉ですが、かつては「パン」それ自体を表しました。dige は現代英語ではもう廃語になっていますが、元々「こねる人」を表す語でした（*OED* は廃語も掲載していますから "dey" を引けばこの単語が載っています）。つまり、**lady の語源は「パンをこねる人」という意味**だと分かります。昔のイングランド社会ではパンを焼くということが女性の仕事であり、家庭運営の重要な位置を占めていたのです。従って「**パンをこねる人」は家庭を仕切る女性、すなわち「女主人」の意味**になったのでしょう。

lady の関連語を引いていくと、lady の la- の部分は lord「(男) 主人」の lo- と同語源、さらに lady の -dy は dairy「乳製品加工場、酪農場」や dough「生地」、doughnut「ドーナツ」の d- の部分と同語源であることも分かります。

***OED* を使いこなして、英語の語源の世界を満喫してみませんか？**

23章　British English (Queen's English) と
American English (President's English)

1.　アメリカ英語

17世紀、主に北アメリカに入った、シェイクスピアやミルトンによって話されていたイギリス英語 **British English (Queen's English)** が、その後、その土地で固有の発達を遂げ、今日のアメリカ英語 **American English (President's English)** と呼ばれる言語が形成されました。その背景には、独立後間もない18世紀末、政治の面ばかりでなく**言語の面においてもイギリスから独立したい**というアメリカ人の気運と愛国心が生まれたことがあったといえます。この態度を強く主張したのがノア・ウェブスター（Noah Webster: 1758-1843）でした。（16章 「アメリカ英語の成立」と20章「辞書の中に見る英語の諸相」も参照して下さい。）

2.　イギリス英語とアメリカ英語の相違点について見てみましょう。

1）発音

① 母音の相違

	British English		American English
pass	/ɑ:/	/	/æ/
college	/ɒ/	/	/ɑ:/
post	/əʊ/	/	/oʊ/

② 母音の後の /r/ は、イギリス英語では発音されませんが、アメリカ英語では発音されます：

[108]

23章 British English (Queen's English) と American English (President's English)

	British English	American English
bird	/bə:d/ /	/ bə:rd/ (= /bə˞:d/)
heart	/hɑ:t/ /	/hɑ:rt/ (= /hɑə˞t/)

③ 次の単語では、イギリス英語では /j/ の音が入りますが、アメリ
カ英語では入りません：

	British English	American English
Tuesday	/tjú:zdeɪ/ /	/tú:zdeɪ/
new	/nju:/ /	/nu:/

④ wh- は、イギリス英語では /w/ ですが、アメリカ英語では /hw/
と発音する話し手もいます：

	British English	American English
what	/wɒt/ /	/wʌt, hwʌt/
when	/wen/ /	/wen, hwen/
why	/waɪ/ /	/waɪ, hwaɪ/

2）語彙

① 同じ語がイギリス英語、アメリカ英語で意味が異なります：

	British English		American English
corn	穀物	/	とうもろこし
first floor	二階	/	一階
rubber	消しゴム	/	コンドーム
pants	下着	/	ズボン
chips	フライドポテト /		ポテトチップス＊

＊イギリスでは、ポテトチップスは crisps

[109]

| purse | 財布 | / | ハンドバック |

②同じものを表すのに違った語を用いる例：

	British English		*American English*
エレベーター	lift	/	elevator
荷物	luggage	/	baggage
トラック	lorry	/	truck
ズボン	trousers	/	pants
クッキー	biscuit	/	cookie
携帯電話	mobile	/	cell（cellular）
懐中電灯	torch	/	flash light
ガソリン	petrol	/	gasoline
往復切符	return ticket	/	round-trip ticket
片道切符	single ticket	/	one-way ticket
あめ	sweet（s）	/	candy
履歴書	CV（curriculum vitae）	/	resume
お店	shop	/	store
セーター	jumper *or* pull over	/	sweater
掃除機	Hoover	/	vacuum cleaner
薬屋	chemist's	/	drug store
アパート	flat*	/	apartment

＊アメリカ英語では、flat の意味は、主に flat tire（パンク）

地下鉄	tube *or* underground	/	subway
歩道	pavement	/	sidewalk
洗面台	wash basin	/	sink
映画	film *or* cinema	/	movie

23章　British English（Queen's English）と American English（President's English）

遊園地	fun fair	/	amusement park
卒業式	graduation ceremony	/	commencement
列（人・車など）	queue	/	line
ラジオ	wireless	/	radio

③ つづり字が異なる例：

British English		*American English*
colour	/	color
cheque	/	check
centre	/	center
theatre	/	theater
organise	/	organize
gaol	/	jail
omelette	/	omelet
grey	/	gray

3.　文法

① 一部の不規則動詞が、アメリカ英語では多くの場面で、規則変化として使用されることがあります：

British English		*American English*
burn-burnt-burnt	/	burn-burned-burned
learn-learnt-learnt	/	learn-learned-learned

② イギリス英語では get の過去分詞として、got を多用しますが、アメリカ英語では got、gotten の二つがあり、これらの2つはそれぞれ違った意味を表します：

[111]

Have you got the ticket? (=Do you have the ticket?)：英米同じ

Have you gotten the ticket? (=Have you obtained the ticket?)：米のみ

★ "England and America are two countries separated by the same language."

　これは、アイルランド生まれのイギリスの劇作家であり批評家であった、ノーベル文学賞受賞者ジョージ・バーナード・ショー（**George Bernard Shaw：1856-1950**）のよく知られた言葉です。本章で学習したように、イギリス英語とアメリカ英語の間には、語や語句が持つ表面的な意味以外の、情緒的な意味や細やかな意味の違いが見られます。イギリスとアメリカが、英語という同じ言語を使いながらも、その違いによって隔てられている、とは言わないまでも、やはりイギリス英語とアメリカ英語がそれぞれの特徴をもった個別の言語であると考えている英米人は多いかもしれません。英語を第二言語として学習する場合、こうした点を認識しておくことは大事です。（ショーの英語観については、8章「つづり字と発音のずれ（1）」も参照してください。）

24章　意味の下落・向上と英語の歴史

　日常よく耳にする英単語も、その歴史を振り返ってみると、実は大きな意味の変化を経てきているものがあります。このような意味変化のなかで、ここでは、**pejoration** と **amelioration** を見ていくことにします。

1.　pejoration

　pejoration とは、「意味の下落」、つまり、元々よい意味であった単語が悪い意味へと変化する現象のことを指します。**この意味変化の代表的な例に、"silly"があります。**この語を『ジーニアス英和大辞典』で引くと、以下のような語義区分がなされています。

> silly *adj.*
> 　1. ばかな、愚かな、思慮のない、ばかばかしい、ばかげた、救いがたい
> 　2. 気絶して、頭がぼーっとして
> 　3. 〈古〉白痴の
> 　4. 〈古〉単純な、無邪気な
> 　5. 〈廃〉質素な、卑しい

通常、現代の英和辞書は、用例の頻度順に従って語義が並べられているため、**"silly"は「ばかな」という意味で用いられることが一番多いと**いうことになります。しかし、この単語は、**元々「幸運な、幸せな」を意味していました。**この現代の英和辞書に掲載されていない元々の意味が、私たちのよく知る意味になったのは、以下のような変化を経てきたから

[113]

です。

lucky, happy, blessed → pious, innocent → unworldly → pitiable, miserable, feeble → foolish

この語は、元々、古英語期に、とりわけ、王など身分の高い人物が、「幸運をもった」ことを示すために用いられていました。そのような人物は「幸せ」であり「(神などに) 祝福された」人物と見做され、さらに、「信心深く、無垢な」人と判断されるようになってきます。この「無垢な」人物には、「世間知らずな」人が多く、そのような性格故に、意味なく周りに苦しめられ、結果として、「哀れな、同情に値する」人物と考えられるようになっていきました。次に、このような「哀れな」人物は、今度は「判断力が鈍く」、「愚か」と断じられようになり、現在の最もよく使われる"silly"意味へと変化してきたのです。

*OED*の用例を元にした下のグラフから、「ばかな」という語義の用例は比較的新しく、16世紀末から用いられたことがわかります。

Lacking in judgement or common sense; foolish, senseless, empty-headed.

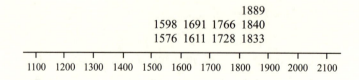

Of words, actions, etc. : Evincing or associated with foolishness.

[114]

24章　意味の下落・向上と英語の歴史

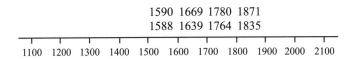

　意味変化により、新しい意味を獲得しても、以前の意味は完全に失われるのではなく、むしろ、英語母語話者の心の奥に無意識に響いていることがあります。このことが、同様な意味を持つ他の単語の間に、「ニュアンス」の差を生み出しているのです。この "silly" の意味変化を踏まえると、以下の2文に微妙な意味の違いがあることがわかるかもしれません。

　　1. "You are stupid."
　　2. "You are silly."

　上の2文を語義通り日本語に訳せば、「お前は馬鹿だ、愚かだ」で同じ意味となりますが、例えば、この2文を母親が子供に向かって言っているセリフと考えると、どうでしょう。1.の文では、母親は子供を「馬鹿！」と強く断定しているのに対し、2.の文では、同じ「馬鹿」という意味であっても、その子供をどこか憎めず、子供に対して哀れみ、同情を込めた意味で「ばかねえ、いやねえ」というニュアンスで用いていることが少し読み取れませんか。これは、ここで見たように、**"silly"** が、**「幸せな→世間に疎い→哀れな、同情に値する→おろかな」**という意味変化を経たことで、このようなニュアンスの差を生み出している原因の1つと考えることができないでしょうか。すなわち、**時を経て「意味の下落」が生じたとしても、その単語の語義の奥底には、元来の意味がかすかに残されている**と考えることができるのです。

[115]

このように、英語の歴史を振り返り、新たな視点で英単語を眺めてみると、今まで気づかなかった「現代英語」の奥底に潜んでいる、語彙の微妙な意味合いさえも理解できることもあるのです。

このような意味変化の要因の1つに、市河博士[1]は、**婉曲的**（euphemism）表現方法を挙げています。例えば、一般的に、醜い人物を**"ugly"という直接的な語で言い表す代わりに、"homely, plain"といった差し障りのない語で婉曲的に表現する傾向**があります。しかし、**時間の経過と共に、この意味が元々、婉曲的表現であったことが忘れられ**、あたかもその語自体が醜い人物を指すかのように感じられるようになり、「**意味の下落**」が生じることがあるのです。

興味深いことに、「意味の下落」は、英語特有の意味変化ではなく、日本語でも、「おめでたいやつ」が「馬鹿なやつ」を意味するようになった例に見て取ることができます。このような意味変化をした日本語が、他にもないかどうか探してみてください。

2.　amelioration

pejoration に対し、**amelioration** は、「意味の向上」、つまり、元々悪い意味であった単語が、いい意味へと変化する現象のことを指します。この変化の代表的な例として "nice" を挙げることができます。この語を『ジーニアス英和大辞典』で引くと、以下のような語義が与えられています。

nice *adj.*

　　1. よい、立派な、楽しい、愉快な、結構な、満足できる〈天気が〉

1　市河三喜『英語学辞典』（東京、研究社、1956）。

[116]

よい

2. ～するのは親切だ、親切な、思いやりのある

3. 〈やや古〉上品な、行儀のよい、育ちのよい、気取った、上品
   ぶった

4. 〈料理などが〉おいしい

5. 微妙な、細かい、精密な、正確な、敏感な

6. 慎重さを要する、取り扱いが難しい

7. 〈やや古〉好みのやかましい、潔癖症の

8. 適した、向いた

9. 結構な、申し分のない、困った、ひどい

10. 〈廃〉ばかげた、無知な

11. 恥ずかしがりの、内気な、無口な

12. ふしだらな、みだらな

13. 正直な

adv. うまく、上手に、魅力的に、上品に、正確に

"nice" は、元々、上の辞書表記で〈廃〉となっている **「馬鹿な、無知な」**
という意味でしたが、以下のような意味変化を通して、現在最もよく用
いられる「よい」という意味に至っています。

foolish, stupid → wanton → fastidious, fussy → difficult to manage →
minute and subtle → precise, critical → minutely accurate → pleasant,
attractive

まず、「馬鹿な、愚かな」から「無茶な」へとその意味が変化しました。

そこから、「無茶な」人物は「気難しく」「扱いの難しい」人物を意味するようになり、また、このような「扱いの難しい」人物は、「繊細で、敏感」であり、「緻密で、厳密」な人物と見做されるようになってきました。その後、**17、18 世紀になり、ようやく、現在用いられる「魅力的な、心地よい」という意味**になったのです。

　この意味変化の過渡期となる 16、17 世紀においては、この語の意味は多様化しすぎてしまい、作者の意図した正確な意味を言い当てることは困難となるほどでした。例えば、シェイクスピア（William Shakespeare）は、『リチャード三世』（*Richard III*）3 幕 7 場 175 行にある "nice and trivial" というフレーズの中では、「些細な、つまらない」という意味でこの語を用いています。しかし、一方、『ヘンリー四世』第一部（*Henry IV Part 1*）4 幕 1 場 48 行の "on the nice hazard of one doubtful hour" では、この語を「危険な、疑わしい」と、同じ作家でありながら同じ語を全く別の意味で用いているのです。

　このように、今まで「常識」と思っていた単語も、その歴史を少し紐解けば、**それぞれの時代で様々な意味変化**を経るという興味深い物語を織りなしている可能性があるのです。

Exercise **1**:　以下の英単語の現在の意味は、それぞれ pejoration を経たものなのか、あるいは、amelioration を経たものなのか調べてみてください。

　　　　　　1. knave 悪漢、ごろつき

　　　　　　2. villain 悪党

　　　　　　3. cunning ずるい

　　　　　　4. boy 少年

24章 意味の下落・向上と英語の歴史

5. fame 名誉

6. pretty きれいな

25章　意味変化と英語の歴史
──*fast* の意味変化

以下の文の *fast* の意味を答えてみてください。

1. She walked *fast*.
2. She stood *fast*.

1. *fast* の多義性

　1 の例では、「**彼女は速く歩いた**」となり、*fast* は現在最も一般的に使用される「速く」という意味で使われています。動詞 *stand* と用いられた 2 番目の用例ではどうでしょう。この例は、「**彼女は頑としてその場を動かなかった**」またはもっと単純に「**彼女はしっかりと立っていた**」という意味で、*fast* は「しっかりと、動かない」といった固定・不動を表す意味で使われています。なぜ *fast* は「速く」という語義と、これとは相反するように感じられる「しっかりと、動かない」といった語義を持つのでしょうか。

2. *fast* の意味変化

　現在では「速く」という語義が一般的ですが、このスピードを表す意味が現れたのは、13 世紀以降であり、**fast は元々、「しっかりと」と**いった**不変不動の概念**を表していました。ではなぜ「**しっかりと**」から「**速く**」へと、**これほどまでに大きく意味が変化**したのでしょう。*OED* を見てみると、この意味変化のヒントとなる、現在では消えてしまった *fast* の用法が載せられています。

[120]

1. a. In a fast manner, so as not to be moved or shaken; *lit.* and *fig.*;
      firmly, fixedly. Often with stand, sit, stick, etc. † ***to sit fast upon***: to
      insist upon.
   b. ***to sleep fast:*** to sleep soundly.
† c. Expressing fixity of attention, effort, or purpose: Earnestly, steadily,
      diligently, zealously.
† d. Expressing vigour in action: Stoutly, strongly, vigorously. *Obs.*

1番目の語義区分では、本来の 'firmly, immovably' の意味に関連した語義がまとめられています。**ダガーマーク（†）が付されているのは、現在では廃用となった語義**です。上記の c, d を見ると、*fast* が「熱心に」や「激しく」等の意味でも用いられていたことが分かります。「しっかりと」から「速く」への**意味変化には、現代英語の *very much*（とても）のような強意副詞としての用法が関わっているようです。**

　14 世紀の英語では、'sing *fast*' というと「速く歌う」ではなく「心を込めて歌う」または「大きな声で歌う」といった意味であり、***fast* は熱心さや状況の甚だしさを表す強意副詞として用いられていました。**動詞により多様な意味で解釈されるので、***fast* が *run* や *go* などを修飾する場合は、「速く」**といった意味に解釈されました。強意副詞の流行り廃りが激しい性質は今も昔も変わらないようで、やがてこの強意用法は徐々に廃れていきます。16-17 世紀の Shakespeare は *fast* を主に 'rapidly' の意味で用いており、**'sing *fast*' はもはや「熱心に歌う」ではなく、「速く歌う」という意味へと変化しています。こうして *fast* は 'firmly, immovably'という原義から、徐々に 'vigorously' などの強意的意味で広く使用され**るようになり、この強意用法を通して発達した 'rapidly, swiftly' が *fast* の

[121]

中心的な語義へと移り変わっていきました。その他にも *fast* の歴史を眺めてみると、実に多くの語義が現れています。現在ではあまり馴染がない 'closely' といった空間的な近さを表す意味も 13 世紀に発達しました。

3. 主要な語義の変遷

　表 1 は *Helsinki Corpus* にみられる各時代の語義の推移を表しています。[1] このように意味変化を概観すると、中英語期の 1250-1420 年（M2-M3）の期間では、強意副詞としての意味が高頻度に現れていますが、中英語期の終盤である 1420-1500 年（M4）にさしかかると、強意用法の頻度は急落しています。そして、近代英語期に入ると強意副詞としての用法はほとんど見られません。**強意用法の消失**にともない、頻度が高くなっているのが、**現代英語の中心的語義である 'rapidly'** です。1350-1420 年（M3）の期間では原義である 'firmly' の頻度を上回り、**近代英語になると、最も高頻度に使用される意味へと変化したことがグラフからわかります。**

　こうしたグラフの変動は、**コーパス内で確認できる用例を分析**したものですので、必ずしもその全てが現実に起きた意味変化を反映しているものではありません。しかし、**意味変化の動きを捉える上では、*OED* で確認できる流れをより詳細に把握する手だての一つである**と言えるでしょう。

1　*Helsinki Corpus* は OE から EModE までをカバーする通時コーパスです。総語数は約 160 万語で、現代英語のコーパスと比較すると規模の小さいコーパスであると言えます。現存するテキスト数が少ないことにより、時代区分ごとに総語数にばらつきも見受けられ、こうした背景から、得られるデータには偏りが生じることも大いに考えられます。しかし *fast* の意味変化に関しては、*Helsinki Corpus* を使用した調査から得られたデータには、同時代の文学作品にみられる使用状況とほぼ同様の様相が見受けられます。

[122]

表 1 *fast* の主要な語義の推移（12 世紀～ 18 世紀）[2]

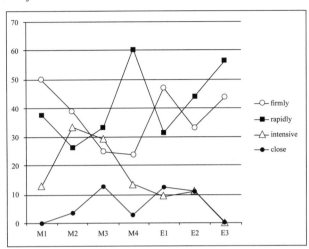

4. 意味変化と類推

fast の意味変化を歴史的に追うことで、言葉の意味を強める強意用法が、共に使用される言葉によって様々な解釈を生み、**最終的には *fast* 自体の意味をも変化させる力**を持ったことがわかりました。現在では当たり前となっている語義をよく観察してみると、**意味変化には人の類推の力が深く関係している**ことがわかります。

fast の場合は、'firmly' が心的態度を表す際に用いられると「熱心に、心を込めて」などの意味に、そして動作動詞を修飾すると激しさや著しさを表し、広く 'vigorously, enegetically' といった意味で使用され、一時期この用法が人々の間で広まりました。多くの動作動詞の意味の一側面

---

2 *Helsinki Corpus* の統計については、次を参照。M1（1150-1250), 113,010 words; M2（1250-1350), 97,480 words; M3（1350-1420), 184,230 words; M4（1420- 1500), 213,850 words; E1（1500-1570）, 190,160 words, E2（1570-1640), 189800 words; E3（1640-1710), 171040 words.

には、「どのようなテンポでその動作を行うのか」というスピードに関連する尺度が存在するので、動作動詞が強められるとスピードの意味が引き出されるという、人の類推の過程があります。例えば "write *fast*" という用例が中英語にあります。動詞 *write* は一見速さとは無関係に感じられますが、*write* の意味が強められた場合、経験的に人はどのような状況を思い浮かべるでしょうか。「たくさん書く」、「速く書く」などのような意味は人が経験から推測する状況の一つでしょう。同様の過程が多くの動詞でも起こります。そうしてやがては「速く」という意味が *fast* 自体の語義へと変化するので、強意用法が持つ意味を変化させる力はとても大きかったようです。[3]

　意味変化を引きおこす動機付けには、人の類推力などその言語に内在的なものと、社会との関わりから見る外的なものの大きく二つの要因が

⋯⋯⋯⋯⋯⋯⋯⋯⋯⋯⋯⋯⋯⋯⋯⋯⋯⋯⋯⋯⋯⋯⋯⋯⋯⋯⋯⋯⋯⋯⋯⋯⋯⋯⋯⋯⋯⋯⋯

3　BBC が 2014 年 に 発 表 し た "20 of 2013's most overused words"（BBC News http://www.bbc.com/news/magazine-23362207）の中で、第 5 位に *robust* という語が紹介されています。*robust* は形容詞ですが、*fast* と少し似た性格を持っていそうです。記事では次のような用例が紹介されています。

> Robust, adj. Strong in constitution; hardy; vigorous.
> Robust has become the buzzword of politicians. In 2010, Business Secretary Vince Cable said he would take "robust" action on bank bonuses.

この記事では "take robust action" で「断固たる行動をとる」など、特に政界において多用された流行語であると説明されています。*robust* は「丈夫な、頑強な」という意味で 15 世紀から使用されている語です。'energetic, vigorous' などの意味は、*OED* では 17 世紀が初出とされています。その他に、*robust* は歌や音楽などに関連する語を修飾すると 'strong, powerful, loud'、そして色に関する語を修飾すると 'rich, deep, intense' などの「（色が）濃い，強い」、食べ物やワインなどの飲み物の場合は、「（味や匂いが）強い、しっかりしている」などの意味でも用いられます。最後に、BBC の記事は次のように締めくくられています。"But is robust robust enough to stick around in 2014?" さて、この buzzword（流行語）はどのくらい使用され続けるのでしょうか。そしてこの先、意味は変わっていくのでしょうか。

あります。言葉の意味の変化を知ることで、人の類推の過程、そして社会・文化的価値観の変遷を知ることができます。

参考文献

Kay, Christian and Kathryn Allan (eds.). *English Historical Semantics*. Edinburgh: Edinburgh University Press. 2015.

Murphy, M. Lynne. *Lexical Meaning*. Cambridge: Cambridge University Press. 2010.

Sweetser, Eve E. *From Etymology to Pragmatics: Metaphorical and Cultural Aspects of Semantic Structure*. Cambridge: Cambridge University Press. 1990.

Traugott, Elizabeth C. and Richard B. Dasher. *Regularity in Semantic Change*. Cambridge: Cambridge University Press. 2005.

Ullman, Stephen. *Semantics: An Introduction to the Science of Meaning*. Oxford: Blackwell. 1962.

26章　英語史とコーパス言語学[1]

1.　ことばの揺れ（言語変異）

　現代日本語で着ることができるのを意味する表現に、「着れる」と「着られる」のように揺れ（=「変異」（**variation**））があります。[2] このようなある一時代の揺れ（「**共時的**な変異」）が長い時間を経て、どちらかが淘汰されて**言語変化**（「**通時的**な変異」）という形で認識されるようになります。同じようなことは英語にもあります。ただ、英語学習の過程では、英語にそのような揺れがないかのように正しい用法のみを学習します。しかし、正用法のなかにも揺れがある場合があります。例えば、英語で「～せざるをえない」を意味する表現に、cannot help doing と cannot help but do があるのを覚えている人もいるでしょう。同じ意味（**同義**）の表現が複数存在しますが、どのように競合しているのでしょうか。

2.　ことばの用法を調べる – 読書による用例収集かコーパスか？

　そのような疑問を持ったとき、まず辞書や語法・文法書で調べれば指針が得られます。help の場合、『ジーニアス英和辞典』第4版は、cannot help doing のイディオムの説明で cannot help but do が「《主に米略式》」で同義と記述しますが、これ以上の情報は得られません。[3] より詳しく調べたい場合はどうすれば良いのでしょう。英語の用法を調べたい場合、例文を収集して調査・研究します。従来は、小説などを読んで用例を収集しました。この方法は読書力がつき英語の語感も養われるも

1　この章を執筆するのに田島（1995: 19-30）と Rohdenburg（2013）を参照しました。
2　このような日本語の変異を扱う良い入門書に井上（1998）があります。
3　もっとも、XVIII 章で説明のある *OED* を用いれば、より詳細な情報が得られます。

[126]

のの、読書で収集できる量には限界があります。

　最近では、**コーパス（corpus, 複数形 corpora）**と呼ばれる、電子テキストを集めた言語データを用いて研究することが多くなりました。インターネット上にある著作権が切れた 19 世紀以前の文学作品等の電子テキストも、コーパスと考えることができます。コーパス自体は単なる電子テキストの集合体で、それを**コンコーダンスソフト（concordancer）**と呼ばれるソフトで分析します。最近では、分析のためのインターフェイスを備えたネット上の**オンラインコーパス**もあります。[4] コーパスによって、頻度などの情報は簡単に得られます。[5] 自分が読んで収集した用例に比べれば、コーパスは圧倒的に量が大きいものの、実際に読んだものではないため中身がよくわからないという問題点もあります。

3.　COHA による cannot help doing と関連表現の競合の調査

　ここでは Brigham Young 大学 Mark Davies 教授が提供するオンラインコーパス COHA（Corpus of Historical American English）を使って、cannot help doing とその関連表現を歴史的に見てゆきます。[6] COHA は、1810 年から 2000 年までを 10 年ごとに区切った 4 億語からなるアメリカ英語（以後 AmE）の歴史的コーパスで、10 年ごとのテキスト語数を均等にし、fiction, popular magazines, newspapers, non-fiction books の 4 ジャンルから構成されます。fiction が他のジャンルよりも量的に多いという問題点は

4　コーパス言語学の入門書としては、リンドクヴィスト（2016）、石川（2008）、赤野他（2014）。歴史的コーパスを含むコーパスの情報は、斉藤他編（2005）と西村編（近刊）が少し高度なものの、詳しいです。

5　コーパス利用には、英語力の読解力が必要なことは言うまでもありません。特に歴史的な資料の場合は古い英語の読解力が必要です。近代英語の場合、市河（1949）や佐々木（1971）が役立ちます。

6　COHA は <http://corpus.byu.edu/coha> で登録の上、利用可能です。

あるものの、過去 200 年の AmE を観察する有用なツールと言えます。

　まず、cannot help doing と競合する表現について概観します。cannot help は「助けられない、役にたたない」から「どうしようもない」の意味になり、cannot help doing で「〜するのはどうしようもない・仕方ない」という意味になります。but には「〜以外に」の接続詞・前置詞用法があり、cannot but do は「〜する以外できない」＝「〜するほかない」になります。cannot help but do は cannot but do と cannot help doing の混じった形（混交形）ということで、この用法は当初非難されましたが、[7] もしかすると、19 世紀に廃用になったとされる同義の cannot choose but do「〜するほか選択できない」という、help よりも早くに存在した表現に影響を受けた可能性もあります。これに関連する名詞的表現 have no choice but to do は「〜するほか選択肢がない」の意味で、これらの表現と同義です。

　COHA で cannot help doing と競合する表現を検索して、100 万語あたりの頻度数（正規化頻度）を表 1 に、それに基づき図 1 にしました。

表 1：cannot help doing と関連表現の 1810 〜 2000 年の頻度推移

年	1810	1820	1830	1840	1850	1860	1870	1880	1890	1900
cannot but do	30.48	56.59	38.84	35.83	28.17	20.64	17.62	13.88	12.48	11.22
cannot help doing	16.93	19.63	18.58	17.45	33.33	32.07	39.87	37.26	26.12	22.36
cannot help but do	0.85	0.43	0.36	3.12	1.21	0.88	0.7	1.33	1.84	2.17
cannot choose but	2.54	0.43	1.23	1.68	1.15	0.47	0.48	0.74	0.34	0.45
have no choice but	0	0	0.51	0.31	0.61	0.76	0.97	0.94	1.17	1

7　語法書での関連構文の記述については、田島（1995:21-26）を参照してください。

年	1910	1920	1930	1940	1950	1960	1970	1980	1990	2000
cannot but do	7.75	7.13	4.84	3.78	2.28	1.67	1.97	1.58	1.07	0.64
cannot help doing	22.07	17.31	15.65	16.14	15.73	15.35	12.09	11.73	11.13	13.97
cannot help but do	3.48	2.81	2.8	3.57	4.52	4.92	5.46	5.73	9.56	11.13
cannot choose but	0.35	0.04	0.08	0.16	0.08	0.08	0.04	0.16	0.07	0
have no choice but	0.79	0.74	0.93	1.6	2.89	3.5	3.7	5.49	5.91	6.22

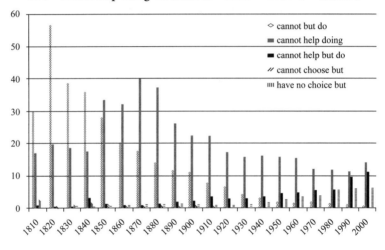

図1：cannot help doing と関連表現の 1810 ～ 2000 年の頻度推移

　この表と図から、(1) cannot but do が 19 世紀半ばまで一般的であったのが、それ以降 cannot help doing に取って代わられ、(2) cannot help doing は 1870 年をピークに 2000 年まで頻度が下降するものの、2000 年でも関連表現中で頻度が最も高く、(3) cannot help but do は頻度が 19 世紀中低いものの、20 世紀になり頻度が着実に上昇し続け 1990 年以降は急速に上昇し cannot help doing の頻度に近づき、(4) help 以前の表現

である cannot choose but do は 19 世紀初頭にすでに低頻度であったもの
の、1850 年まである程度の頻度で出現し、(5) have no choice but do は
cannot choose but do に取って代わったかのように 19 世紀半ばから出現
し増加し続けるものの、1990 年以降は頻度上昇が鈍化することがわか
ります。COHA では 2000 年には cannot help doing > cannot help but do
> have no choice but to do という頻度ですが、1990-2015 年の 5.2 億語の
AmE のコーパス COCA (Corpus of Contemporary American English) では
cannot help but do の頻度が一番高く、中でも話し言葉で一番頻度が高い
のです。[8] この様に変化の概略はコーパスで解明できましたが、例文を
詳細に検討し、変化の原因をさらに考察する必要があります。

4. まとめ

　本章では、過去 200 年間の AmE での一表現と関連表現の変遷を見ま
した。実際には、文章のジャンルなどにより AmE でも頻度に違いがあり、
イギリス英語では変化の仕方が違いますが、紙幅の関係で省略します。
自分で調査してみましょう。

　英語史というともっと古い時代を思い浮かべるかもしれませんが、20
世紀の現代英語にも変異・変化があり、現代英語の理解にも歴史的観点
(= 英語史) が必要なことがわかったでしょう。より古い時代のコーパス
も存在し、英語の研究に利用できます。コーパスの利点と問題点を知っ
た上で利用してみましょう。

Exercise 1:　コーパスとは何ですか。また、コーパスを分析するには何
　　　　　　　を使いますか。

8　COCA は < http://corpus.byu.edu/coca/> で利用できます。

[130]

26 章　英語史とコーパス言語学

Exercise 2:　コーパスを使うメリット、デメリットは何ですか。

Exercise 3:　cannot help doing に関連する help と cannot choose but do に関連する choose の項を *OED* で調べましょう。同様に、cannot but do や cannot help/choose but do の中の but も *OED* で調べましょう。初出例・最終例の年代、構文などに注意して例文を読みましょう。(*OED* の使い方については、22 章および永嶋 (1983) で確認してください。)

Exercise 4:　現代イギリス英語 1 億語のオンラインコーパス BNCWeb (http://bncweb. lancs.ac.uk) を使いましょう (赤野 他 編 (2014) の第 6 章を参照して、登録して利用してください)。英語と言っても、ジャンルによって言語の使い方は異なります。cannot help but do と cannot help doing の話し言葉と書き言葉での使用頻度の違い、その他のジャンルでの頻度の違いを調べましょう。(検索後、distribution ボタンで確認できます)。また、cannot help doing と cannot help but do の do の位置に来る動詞の中で頻度が高いものにはどんな動詞がありますか、二つの構文で動詞に違いはありますか。本章の COHA でのアメリカ英語での調査結果と、BNCWeb での結果に何か違いはありますか。

参考文献

赤野一郎他編『英語教師のためのコーパス活用ガイド』東京：大修館書店 , 2014.

石川慎一郎『英語コーパスと言語教育 – データとしてのテキスト』東京：大修館書 , 2008.

井上史雄『日本語ウォッチング』東京：岩波書店 , 1998.

[131]

齊藤俊雄他編『英語コーパス言語学：基礎と実践』第二版．東京：研究社, 2005.

田島松二『コンピュータ・コーパス利用による現代英語語法研究』東京：開文社, 1995.

リンドクヴィスト，ハンス『英語コーパスを活用した言語研究』（渡辺秀樹他訳）東京：大修館書店, 2016.

Rohdenburg, Günter. "The construction *cannot help -ing* and its rivals in Modern English." in *Corpus Perspectives on Patterns of Lexis*. Eds. Hilde Hasselgård, Jarle Ebeling & Signe Oksefjell Ebeling. Amsterdam: John Benjamins, 2013. 113-132.

27 章　英語の中のケルト
——English と British

1.「イギリス人」の英訳

「私はイギリス人です」を英語に訳してみてください。答えは "I'm British." です。"I'm English." という英語にした方はいませんか？

2.　English と British、そして Anglo-Saxons について

英語の English という語は、「英語」という意味の他に、"of England"、つまり「イングランドの」「イングランド出身の」という意味もあります。「イギリス」は、England, Wales, Scotland, Northern Ireland の四つの国から成り立っており、England はその一つにすぎません。従って **I'm English. とは、England 出身**であるという意味になります。これらの4つの国のどこの出身かということには触れず、一つの国としての**イギリス出身**であると述べたい場合には **I'm British.** と言うのです。

England は「アングル人の土地」という意味。English も England も同じ Engl- で始まることから分かるように、English も元々の意味は「アングル人の言葉」という意味です。皆さんは**アングル・サクソン人**（**Anglo-Saxons**）という民族の名前を聞いたことがあるでしょうか？紀元 5 世紀中頃に、ヨーロッパ大陸から現在のブリテン島に侵入した民族の名前です。この Anglo-Saxons の Anglo- が、English, England の Engl-にあたります。そしてこの **Anglo-Saxons** が、English という、**今や世界共通言語とも言われる言語の話し手の祖先**に当たるのです。

それに対して **British** の方はブリテン島全体を指し、つまり「**英国の**」「**英国出身の**」という意味になります。従って「**私はイギリス人で**

[133]

す」という場合、英国内のどの国から来たのかということには言及せず「英国出身だ」という場合がほとんどなので、**I'm British.** と訳すのです。しかし日本語の「イギリス」という表現自体が、もともと英語のEnglish がポルトガル語を経由して日本語に入ってきた言葉なので、イングランドのみを指すのか、英国全体を指すのか紛らわしくなっています。

3.　もう一つの意味を持つ "British"

　ところで "British" という語は、「英国の」だけでなく、今は話されていない別の言葉も意味しています。"British" を辞書で引くと、「**古代ブリトン（ウェールズ）語《アングロ・サクソン民族の侵入以前ブリテン島南部で用いられていたケルト語》**」（研究社『新英和大辞典』版）とあります。**"British"** とは、**アングロ・サクソン民族がブリテン島に侵入する以前からそこに定住していた先住民族の言葉**という意味もあるのです。

　その先住民族は一般的に「**ケルト人**」と呼ばれます。ケルト人は紀元前 12 世紀頃からヨーロッパ大陸に広く定住し、紀元前 600 年頃にアイルランド島やブリテン島に渡ってきました。ヨーロッパ史では、アイルランド島に渡ったケルト人を **Goidels**「**ゴイデル人**」、ブリテン島に渡ったケルト人を **Britons**「**ブリトン人**」と呼びます。ブリトン人地域は、現在われわれがイングランドと呼ぶ地域の南部を中心に、西はウェールズ、北はスコットランドにまで広がっていました。そしてブリトン人が話していた言葉を **British**「**古代ブリトン語**」と呼ぶのです。

4.　ブリトン人とブリトン語について

　ブリテン島は、**紀元 43 年からローマ帝国の属州**の一つになり、ブリトン人はほぼ **350 年間**、ローマ人の支配下にありました。ローマ人が

[134]

27 章　英語の中のケルト

410 年頃に撤退した後、ブリテン島は再びブリトン人の土地になりますが、そこへ **5 世紀中頃からアングロ・サクソン人が侵入**します。ブリトン人はふたたび征服され、虐殺され、奴隷となるか、あるいは西方へ駆逐されました。さらに海を渡って、現在のフランスのブルターニュへと逃げ延びた人々もいました。ブリトン語は各地域で変容しながらも話され続け、「**カンブリア語**」（北西イングランド）、「**コーンウォール語**」（南西イングランド、コーンウォール）、「**ウェールズ語**」（ウェールズ）、「**ブルトン語**」（ブルターニュ）といった別々の言語へと発達します。しかし、イングランド人の言葉である英語や大陸ではフランス語の波に押され、話者数は減少の一途を辿ります。「カンブリア語」は 11 世紀に、「コーンウォール語」は 18 世紀に、母語話者がいなくなりました。しかしブリトン語の「末裔」は完全には死滅していません。ウェールズでは「ウェールズ語」を、ブルターニュでは「ブルトン語」を、今でも生活の言葉として話す人々がいます。

《左》ウェールズに見られる「駐車場」を表す道路標識。《右》ウェールズ南西部の町カマーゼンの駅の標識。どちらもウェールズ語・英語の二言語使用になっています。

5. 現代英語に残るケルト語の要素

征服され奴隷となったブリトン人は、当然征服者であるアングロ・サクソン人の言葉を使わざるを得ませんでした。ところがアングロ・サクソン人は、侵入した新たな土地に名前を付ける際に、ブリトン人が付けたブリトン語の地名をしばしば使用していました。

例えばイングランド南東部ケント州にある海辺の Dover。この地名は実はブリトン語起源なのです。この語はブリトン語で「水」を表す語 *dobras（複数形：単数形は dovr）から来ています。現代ウェールズ語でも「水」のことを dwfr（ドゥヴル）または dŵr（ドゥール）と言います。またイングランド中南部にあるウォリックシャー州の **Stratford-upon-Avon と言えばシェイクスピアの生誕地**ですが、この地名の upon Avon は「エイヴォン川沿いにある」という意味です。実際この町の中心にエイヴォン川という川が流れているのですが、この**河川名 Avon もブリトン語で「川」という意味**でした。現代ウェールズ語でも afon（アヴォン）は「川」を表します。

他にも、Kent, York, Leeds といった都市名、Glou(cester), Ex(eter), Win(chester), Wor(cester), Salis(bury) などの地名の第一要素、さらに Thames, Wye といった河川名は、すべてブリトン語起源です。

このように、現在イングランドと呼ばれている地域にも、**地名や河川名にブリトン語、つまりケルト語の要素が残っている**ことは、かつてそこにブリトン人が住んでいたことをはっきりと示しています。

English という語が英国の中の一部「イングランドの」を表わすのに対し、**British が「英国（全体）の」を表わす言葉**として選ばれたのは、**British という言葉の話し手**がかつて、現在のイングランド、ウェールズ、スコットランド南部にまたがる、**ブリテン島全体の広大な地域に定住していたという歴史的な事実**が大いに寄与しているのです。

[136]

27章　英語の中のケルト

★ 現代英語を学習する人は、イングランドの言語と文化、そしてその歴史にのみ目を奪われ、その**周辺の国々、ウェールズ、スコットランド、アイルランドについての関心**をややもすると失いがちですが、真の**「英語」という言語・歴史・文化・文学を理解するためには、これからはこうした国々への十分な理解が不可欠で**あること肝に銘じて英語を学習するべきでしょう。

28章　イギリスの地名と英語史

1.　地名と英語史

　地名はその地域の歴史や文化、宗教観など、多くの興味深い事柄をまるで化石のように残していることがあります。英語史を概観すると、イギリスの地名には英語史との密接な関わりがあることが理解できます。本章では、イギリスの地名が英語やその歴史とどのように関わっているか、地名に用いられているいくつかの要素を例にとって見ていくことにしましょう。

　イギリスでは、今からおよそ1500年から900年ほど前の**古英語**という英語が話されていた時代に多くの地名が名付けられたため、地名の中に**古英語**の単語が含まれていることがよくあります。

　下にいくつか例を挙げてみましょう。

語	意味	地名の例
burg	要塞、城壁	Peterborough, Canterbury, Edinburgh etc.
tūn	囲い地、村	Washington, Taunton, Tonbridge etc.
inga, ingas	〜の子孫、〜の家族	Wellingborough, Patching, Hastings etc.

　「**要塞**」や「**城壁**」を意味する *burg* という単語は、borough, bury, burgh という要素に変化して現在の地名に残っており、**Peterborough**, **Canterbury**, **Edinburgh** などがその例として挙げられます。また、「**囲い地**」や「**村**」、などを表す古英語の *tūn* は、日常語では town に変化しましたが、地名では ton という語形に変化し、**Washington** や **Taunton** などに現在でも残っています。また、「〜の家族、人々」や「〜の臣下、

[138]

28 章　イギリスの地名と英語史

子孫」を意味する *inga* や *ingas* という要素は、ノルマンコンクェストでも有名な **Hastings** という地名の一要素になっています。

　地名は、複数の要素から成り立っていることが多いですが、上に挙げた 3 つの古英語と結びついている要素に人名が非常に多いことも興味深い点です。例えば、Gainsborough は「Gegn という名前の男の要塞」という意味ですし、アメリカにも存在する **Washington という地名は、Wassa という人名に *inga* と *tūn* が付いた形で、「Wassa という人の家族、臣下に関連した土地」という意味**になります。現在でも私たちは広い土地を区別する際「〜さんの畑」「〜さんの農場」などのように所有者で区別することが多くあると思いますが、当時のイギリスの人々も *tūn* や *burg* とともに人名を用いて土地を区別していたことが窺えます。当時の人々の生活や時の流れを感じることができる面白い地名の例です。

2.　地名に残る様々な言語・文化の痕跡

　イギリスでは、**ケルト系民族**にはじまり、紀元前 55 年ごろから**ローマ人**、5 世紀ごろには**アングロ・サクソン人**、続いて 8 世紀後半に北欧の**ヴァイキング**、そして 1066 年の**ノルマン人**と、様々な民族がいたるところに侵略し定住を繰り返してきましたが、彼らはイギリスの地名形成にも大きく貢献しました。それぞれの民族は別々の言語を持っていましたが、**イギリスの地名からは現在ではすでに消えてしまった過去の民族の言語や移動の痕跡も見ることができます**。例えば、**Manchester** や、**Chester**, **Gloucester** などに見られる chester, caster, cester という要素は、古英語の *ceaster* という単語から来ていますが、これはもともとローマ人の母語である**ラテン語**で「**野営地**」や「**駐屯地**」を意味する *castra* に起源を持つものです。

　また、アイルランド島とブリテン島の間に位置するマン島やその周辺

[139]

のブリテン島内の地名を見てみると、kirk という要素を含む地名が多く存在することに気が付きます。これは北方から侵入してきたヴァイキングが使用していた**古ノルド語**の *kirkja* という単語に由来し、「教会」を意味します。英語の church に相当するものです。一方で、ウェールズの地名を見てみると llan という要素ではじまる地名が並外れて多いのに驚かされますが、これも「教会」を意味し、英語ではなく**ウェールズ語**の単語です。この llan は多くの場合、聖人の名前とともに使用されていることも興味深い点です。意外にも、**イギリスの地名には英語ではない「外国語」が非常に多く含まれている**ことがこれらの地名からわかります。これまで**侵入してきた民族が実際にそこに住んでいたことの確固たる証拠**になっています。また、kirk や llan からは、イギリスにおいて宗教が人々の生活に広く深く浸透し、大きな力を持っていたことも窺えるでしょう。

　このように、**地名はブリテン島へ侵入してきた諸民族や彼らの言語、文化との関連性を示してくれます**が、もちろん英語自体の歴史もありありと反映しています。

3.　地名に見る言語現象

　前述の *burg* という古英語の単語をもう一度見てみましょう。borough, burgh, bury は、全てこの単語から派生した地名要素ですが、中でも bury は、現在では消失してしまった古英語の**格変化**という働きがまさに化石のように地名に残った形といえます。

　現在でも私たちが地名を口にする際、「池袋で」とか「新宿に」のように用いることが多く、地名を単独で用いることはあまりないように思われます。それを英語で表現しようとすると前置詞と用いることになるでしょう。1000 年以上前のイギリス人も私たちと同じように、頻繁に

前置詞と、とりわけ現在の at や by に相当する *æt* という前置詞と一緒に地名を口にしていました。そして当時の英語では、前置詞の次の名詞は、目的語の語形に変化させる、つまり**格変化**させなければならなかったのです。はじめはそのような言語的規則を意識して *burg* は格によって形を変えていました。しかし時代が進むと、様々な民族の侵入とともに言語も次第に入り組んでいき、そのようなルールは人々の間から忘れ去られてしまいました。その結果として、***burg* が前置詞 *æt* の後ろに置かれたときの byrig という語形が地名にそのまま残り、それが現在でも bury という形で地名に定着しているのです。**

　このような言語現象の証拠として、前置詞が地名自体に組み込まれてしまった例も挙げられます。現在のスコットランドとイングランドの国境近くには、かつてローマ人が北方民族の侵入に対して建築したハドリアヌスの城壁がありますが、そこに Benwell という地名が存在します。これは within を意味する古英語の *binnan* という前置詞が第一要素になっている地名で、within the wall という意味を表しており、**前置詞がそのまま地名として定着**していることを示しています。

4.　まとめ

　このように、**イギリスの地名**を見るとその地名の起源だけでなく、地名と英語やそれを話す人々との間に強い関わりがあることに驚かされます。諸民族の侵入の歴史から、英語の言語的な変遷、またその土地の地形やそこを所有していた人の名前まで、ありとあらゆる事柄がたった 1 つの地名に詰まっています。地名を見ていくことで、**英語の歴史やイギリスに根付いている文化、さらには近隣諸国の言語や民族との関連性**まで明らかになるのです。地名を通してまた別の角度から英語をながめるのも面白いかもしれません。

Exercise：　本章の 1 と 2 の項目で学習した英語史の観点から、様々な
　　　　　　民族の侵入というイギリスがたどってきた歴史的背景に注目
　　　　　　し、以下の地名とその起源からそれぞれの地名が成立した時
　　　　　　代を推測してみてください。

　　　　地名　　　　　　起源

1. Congresbury　　ケルト語の人名 + 古英語 *burg*

2. Hutton- le- Hole　古英語 *hōh* + 古英語 *tūn* + フランス語（*en*）*le* + 古英語 *hol*

3. Hastings　　　　古英語の人名 + 古英語 *ingas*

4. Derby　　　　　古ノルド語 *djúr* + 古ノルド語 *bý*

5. Lincoln　　　　ケルト語 *lindo* + ラテン語 *colonia*

---

　　a. 5 世紀以前　　　b. 5 〜 8 世紀前半　　c. 8 世紀後半〜 11 世紀前半
　　d. 11 世紀後半以降

参考文献

Ekwall, Eilert. *The Concise Oxford Dictionary of English Place-names* 4th ed.
　　London: Oxford University Press, 1960. Print.

Mills, A. D. *A Dictionary of British Place Names.* Oxford: Oxford University
　　Press, 1991. Print.

キャメロン, ケネス『イングランドの地名―起源と歴史を訪ねて』吉見
　　昭徳訳 横浜：春風社, 2012.

マシューズ, C. M.『英語 地名の語源』出口保夫訳 東京：北星堂書店,
　　1992.

29章　英米人の名前と多民族性

1. 名前にみる多民族性

　多民族国家であるイギリス、アメリカでは、その**多民族性が人名に反映**されています。例えば、アメリカなら、John **Hayashi**（Japanese-American 日系アメリカ人、日本語の林）、Franklin **Roosevelt**（Dutch-American オランダ系アメリカ人、自由保有地主、オランダ語で「バラ園に住む人」）、Robert **Schultz**（German-American ドイツ系アメリカ人、行政官、治安判事、ドイツ語で「輝かしき名声」）といった具合です。

　本章ででは、イギリスにおける**人名の歴史的変化の時期と英語の歴史的変遷とが重なっていることに注目**しながら、英米人の名前の諸相を観察してみましょう。

1）古英語期（**Old English**）A.D. 450-1100：

英語本来語二つの要素を組み合わせた複合語の名前が多く見られます。

Alfred（ælf 妖精 + rǣd よき相談）、Wulfstan（wulf 狼 + stān 石）、
Edmond（ēad 財宝、冨 + mund 保護）、Harold（here 軍隊 + weald 力）、
Hearding（heard 勇敢な + ing 人、息子）

2）中英語期（**Middle English**）1100-1500：

1066 年、フランスのノルマンディー公ウィリアムによるイギリス征服とともに、フランス系の名前がイギリスにもたらされ、アングロ・サクソン系の名前は急速に消滅します。

Robert, William, Ralf, Richard, Roger, Geoffrey, Walter, Henry

[143]

★ 注目すべきは、12世紀の終わりごろまでにローマカトリック教会の影響が一般大衆に浸透し、Matthew, Peter, John, Simon, Andrew, Nicholas, Luke, Paul, James, Mark, Michael などの聖者の名前が多く見られるようになったことです。特に、John と Mary は西ヨーロッパで最も好まれる名前です。

3) **近代・現代英語期（Modern English・Present-day English）1500**：

ギリシャ・ラテンの文芸・学術の復興運動、文芸復興（Renaissance）の風潮により、ギリシャ語やラテン語に由来する名前がイギリスにもたらされました。

ギリシャ語：Sophia（知恵）、Irene（平和）、Alethea（真理）

ラテン語：Diana（月の女神）、Venus（美と恋の女神）、Ulysses（ローマの将軍の名前）

4) **宗教改革（Reformation）の影響**：

旧約聖書に由来する名前が多くなります。

男性：Samuel, Benjamin, Joseph, Jacob

女性：Sarah, Susan, Hannah

5) **18世紀における二つの大きな傾向**：

ギリシア・ローマの古典様式を模範とした新古典主義時代と中世趣味との相関関係が見られます。

1) ラテン系の語尾をつける：Anne → Anna, Mary → Maria, Sophy → Sophia, Olive → Olivia

2) 古英語、中英語期時代の名前の復活：Edgar, Edwin, Alfred, Emma, Matilda

29章　英米人の名前と多民族性

2. 名前のカテゴリー：

1) **地名姓**：Washington, Weston, Hilton, Lambley（ひつじが放牧されている空き地）, Rayleigh（ライ麦が耕作されている空き地）, Manchester（-chseter はラテン語 castra に由来し、その意味は、ローマ軍の「野営地」「駐屯地」）, Stanford（石の多い浅瀬）（地名については、28章「イギリスの地名と英語史」でより詳しく扱っていますので、参照してください。）

2) **父称**（〜の息子）：Johnson, MacDonald, FitzGerald, O'Neil, Browning など

3) **職業姓**：Smith（鍛冶屋）、Carter（運送人）、Butler（執事）、Miller（粉屋）、Cooper（桶屋）

4) **ニックネーム**（(a) nekename ← an ekename 別の名）：以下はスコットランド系の例。Cameron（ねじれた鼻）、Campbell（ねじれた口）、Kennedy（醜い顔）、Shakespeare（槍を振り回す乱暴者）

Exercise：　「2. 名前のカテゴリー」2）で扱った父称の姓について質問です。以下の5つの姓名には、すべてに共通した意味を持つ要素が含まれていますが、それを指摘してください。また、これらの姓名から、アングロ・サクソン系、スコットランド系、スカンジナビア系、アイルランド系、フランス系の出自についても知ることもできます。それについても考えてみてください。

1) Johnson

2) MacDonald

3) FitzGerald

4) O'Neil

[145]

5）Browning

★ イギリス、アメリカ、さらにはカナダ、オーストラリア、ニュー
ジーランドといった英語を母語とする国々で用いられている**人名
の諸相**を見ただけでも、英語の語彙に見られる世界中の言語から
の借用語の多様性だけでなく、こういう国々における**民族の多様
性**という社会全体を特徴づける重要な側面をも垣間見ることがで
きます。

30 章　婉曲表現と英語史

1.　婉曲表現（euphemism）

　婉曲表現とは、死、病気、性、体の部位、下着、神など、直接口にすることがはばかられる語句（= taboo）を、遠まわしに別の形式で表現すること、またその表現を指します。例えば、英語では「死ぬ」を表すのに、直接的で生々しい "die" あるいは "expire" を使う代わりに、"pass away"、"give up the ghost"《文語》、"join the majority"《古語》、"pay the debt of nature"《文語》などさまざまな代替表現が用意されています。**類語辞典（thesaurus）**を引けば多数の婉曲表現が見つかります。

　★　日本語でも、「死ぬ」を意味する数多くの表現があります：「亡くなる」「事切れる」「息を引き取る」「世を去る」「冷たくなる」「土になる」「先立つ」「むなしくなる」「亡き数に入る」「不帰の客となる」「幽明境を異にする」

2.　婉曲表現と言語変化

　婉曲表現の役割は、**衝撃的なものを指すときにクッションとして働く間接性**にありますが、使い続けるうちにその間接性は失われ、すぐに生々しい連想を伴うようになります。そこで、次なる婉曲表現が必要となります。このようにして英語の歴史の中では常に新しい婉曲表現が作り出され、新旧の語句が累積し、結果として英語の表現力が豊かになってきました。**婉曲表現を作り出す方法**は一般の語形成と同様に、一般化、借用、比喩的表現、指小辞の付加, 頭字語や頭文字略語などさまざまです。

　近年では、従来は taboo であった神、性、売春などに関する表現はさ

[147]

ほど避けられなくなる傾向にありますが、一方で人種、貧困、経済、職業、性差別、年齢差別などの分野で社会的な配慮に基づく婉曲表現が発達してきています。例えば、"poor" に対して "low-income, economically deprived, disadvantaged" などの表現が好まれます。この点、本書の 12 章、14 章で触れた **PC Terms** とも関係してきます。

Exercise 1: 以下はすべて「死ぬ」を現す表現です。各空欄に当てはまる一語を埋めてください。

1. breathe one's（　　）
2. go（　　）
3. kick the（　　）
4. pass（　　）

Exercise 2: 「トイレ」を表す英語表現及び日本語表現を類語辞典等で調べ、列挙してください。

Exercise 3: 英語あるいは日本語で taboo となりやすく、婉曲表現が作られやすい意味領域には、上に挙げたもののほかにどのような例があるでしょうか。

31 章　英文の構造——語彙力だけでは英語は分からない

　単語の意味が分かっているだけでは文の意味は分かりません。例えば、John slapped Bob on the cheek. では John が加害者で Bob が被害者ですが、単語自体に加害者、被害者の含意はありません。それを決めるのは語の並び方で Bob slapped John on the cheek. とすると加害者と被害者が入れ替わります。このように文の構造自体にも意味があるのです。

　以下、一見、簡単そうな英文でも構造が分からないと意味が分からないことを実感してもらいましょう。

1. 見た目は同じでも…
　最初は、見た目は同じでも意味が違う例です。

A. 否定の作用域 (scope of negation)
（1）I did *not* marry you because I loved you.

　「あなたを愛していたから、結婚しなかった。」と訳す人が多いと思いますが、それとは別の意味もあります。そちらの方がショックが大きいかもしれません。

（2）You may *not* come.

　may を許可の意味に限定しても二通りに訳せます。

　会話ではイントネーションで区別されますが、ポイントは否定されているのがどの範囲かということです。

[149]

B. 動詞＋目的語＋ to 不定詞

(3) a. I wanted him to come. b. I forced him to come. c. I promised him to come.

　　学校文法ではどれも SVOC とされますが、厳密には SVO, SVOO, SVOC に分けられます。来るのが誰かを考えると、一つは SVOO であることが明らかでしょう。その文では to come を a visit という名詞に置き換えることができます。残りの二文の区別はやや微妙ですが、him だけよりも him to come というまとまりを目的語とした方が、すなわち、SVO と解釈した方が、より自然な意味になるものがあります。その文では him は to come の意味上の主語であると考えられます。最後に残った文が彼に直接的な圧力をかけて来るように仕向けた SVOC です。

2. ちょっとした違いで…

次にちょっとした違いで意味が大きく変わる例を考えてみましょう。

C. 不定詞と動名詞

(4) a. He stopped *to smoke*. b. He stopped *smoking*.
　　禁煙しているのは片方だけです。

(5) a. I forgot *to post* the letter. b. I forgot *posting* the letter.
　　片方は手紙を投函しています。

　　(4) は stop が目的語に不定詞を取るか、動名詞を取るかという受験勉強の復習です。(5) は不定詞と動名詞のそれぞれ「未来指向的」、「事実指向的」性格をよく表しています。これからのことを語る不

[150]

定詞は個別論で、過去・現在の事実を語る動名詞は一般論で用いられる傾向があります。

D. 法と時制

(6) a. Jeff insists that I *kill* his wife. b. Jeff insists that I *killed* his wife.

一方のジェフは被害者、もう一方のジェフは「私」が言う通りにした場合は犯罪者になります。

(7) a. When Terry entered the classroom, everyone *left*. b. When Terry entered the classroom, everyone *had left*.

どちらの場合もテリーは避けられているのかもしれませんが、一方ではそれがより露骨です。

(6) は法の違いです。直説法は「**叙実法**」、仮定法は「**叙想法**」とも呼ばれますが、事実を叙べるか、想いを叙べるかという本質を突いたいい呼称です。(7) は過去と大過去の違いです。単純化していると言われる英語ですが、完了形、進行形、未来の諸表現が発達し、時制に関しては大いに複雑化しており、その分、より細かな時間関係を示すことができるようになりました。

E. コンマの有無

(8) a. She has three sons who live in Kyoto. b. She has three sons, who live in Kyoto.

京都以外に住んでいる息子がいるかもしれないのはどちらでしょう。

(9) a. The panda eats shoots and leaves. b. The panda eats, shoots and leaves.

同音異義語が関係します。一方のパンダは凶悪犯です。

コンマは文の内部で意味やリズムなど何らかの切れ目を示すために使われます。使っても使わなくても意味が変わらないこともありますが、上の例文では構造の切れ目を示し、従って意味が変わります。

3. どんな構文？

最後に SVCC や SVOOO などに見える不思議な文型や、長い修飾語が入って構造が見えにくくなった例を検討します。

F. 形容詞の位置

(10) This coffee tastes good *black*. Cf. This *black* coffee tastes good.

コーヒー豆に関するコメントとして使えるのは片方のみです。

(11) I drink coffee *black*. Cf. I drink *black* coffee.

一方はコーヒーをブラックでしか飲まず、もう一方は恐らく砂糖やミルク入りでも飲みます。

(10) は馴染みのない SVCC のように見えます。This coffee tastes good までは SVC で問題ありませんが、black はどんな働きをしているのか。without sugar or milk と言い換えられるので修飾語と考えられますが、主語の coffee の状態を表していて補語のようでもあります。そこで**準補語 (quasi-complement)** と呼ばれたりもしま

[152]

す。ここでは主語の説明をしている準主格補語です。

（11）は I painted the wall black. と同じように SVOC のように思われますが、それは違います。ペンキを塗ることによって壁が黒くなるが如く、飲むことによってコーヒーがブラックになる訳ではありません。I drink coffee という SVO の文の目的語にその状態を説明する black という準目的格補語が付いていると考えられます。この black も without sugar or milk と言い換え可能です。

G. 余計な目的語？

（12）She often sends *me* my mother a bouquet of flowers.　Cf. She often sends my mother a bouquet of flowers.

（13）This dish will taste *you* good.　Cf. This dish will taste good.

利害与格（dative of interest）と呼ばれますが、目的格は利益、不利益を表すために挿入されることがあり、大体、for 句で書き換えられます。（12）と（13）はそれぞれ SVOOO、SVOC に見えますが、実際は SVO、SVC に利害与格が挿入されている文です。

H. 長い修飾語句

（14）The mayor had everything said and done by the President during his visit to the city printed in the newsletter.

お馴染みの文型や構文でも少し長い修飾語句が挿入されると、構造が見えにくくなります。上の文は「have ＋目的語＋過去分詞」の目的語に長い修飾語がついています。

[153]

単語が分からないと英文の意味は分かりませんが、構造が分からないと知っている単語でもその意味を特定することができません。語彙力と文法力が備わって初めて英語が分かるのです。本書で英語の重要な特徴として取り扱ってきた文法の簡略化ですが、構造に関しては必ずしも当てはまらないようです。

Exercise 1:　She did not answer all the questions. を二通りに訳してください。

Exercise 2:　It is important that he understands the rule. と It is important that he understand the rule. の意味の違いを説明してください。

Exercise 3:　He will make a good husband. は He will be a good husband. と同じ意味です。これは SVO とも SVC とも分析されますが、あなたはどのように考えますか。He will make a good husband for her. や He will make her a good husband. に関してはどうでしょう。

[154]

32 章　現代英語と語源

　語源を知ることで、英単語の**意味、つづり、用法**などについて、**より深い洞察を得る**ことができたり、場合によっては、一見不可解に見える問題が解決されたりすることがあります。ここでは、そのような例をいくつか見ておくことにしましょう。

1.　Prime Minister

　Prime Minister は日本語の「首相」に相当しますが、そもそも「首相」あるいは Prime Minister とはどのような立場の人のことを言い表す言葉なのでしょうか？例えば、President「大統領」とはどのような違いがあるのでしょうか？ minister という語の語源には、首相の位置づけがよく反映されています。minister のことを日本語では「大臣」といいますが、mini- の部分は、miniature, minicar, minimum, miniskirt 等に含まれる mini- と同語源で、「小さい」を意味します。minister は master「主、主人」と対をなす語として、master の後半要素である -ster と mini- とをつなげて作られたもので、本来的には、master「主人」に対して、「小さい人」つまり「召使」を意味するのです。つまり、minister の上には誰か「主人」がおり、minister はこれに仕える身分の人物だということになります。

　それでは、Prime Minister の上にいる「主人」が誰かというと、国家を代表する人物（国家元首）がこれに当たります。イギリスであれば、国を代表するのは国王です。日本では（国家元首とは通常呼ばれませんが）天皇がこれに相当します。アメリカやフランスのような共和制の国では、大統領が国を代表する立場にあります。政治的な力の有無や、国

[155]

家元首との力関係については、国ごとで様々ですが、少なくとも形式上、Prime Minister は、国家元首の下で働く人物であるという点では共通しています。そして、Prime Minister のこのような位置づけは、文字通りには「召使」を意味するこの語の語源にもよく反映されていると言えます。

　一方、President は、語源的観点から文字通り訳せば「主席（一番前に座っている人）」といった感じで、これは組織のトップに立つ人物のことを表わす言葉です。国のトップであれば「大統領」、会社なら「社長」、銀行なら「頭取」、大学なら「学長」、学校なら「校長」となります。

2.　Wednesday

　「ウェンズデイ」という発音にもかかわらず、この語はなぜこのように綴るのでしょうか？ Wednesday は古英語時代には Wodnesdæg という形をしていました。この語は、第一要素 Wodnes (= Woden's)「（異教の神）Woden の」と、第二要素 dæg (= day)「日」からなり、文字通りには「Woden の日」を意味しました。**Woden は、古ノルド語では Óðinn「オーディン」といい、これは北欧神話における最高神の名前**です。後の時代の発音の変化により、曜日の名前においては、d はもはや発音されなくなっていますが、**つづり字には異教時代の神の名の痕跡**が留められているのです。

　同様に、火曜日、木曜日、金曜日にも、以下のように**ゲルマン人の神々の名前**が含まれています。

Tuesday < OE Tiwesdæg「Tiw の日」（天と戦争の神。北欧の Tyr に相当）

Thursday < OE Þunresdæg「Thunor の日」（雷、農業、戦争の神。北欧の Thor に相当。この神の名は、thunder「雷」とも同語源）

[156]

Friday < OE Frigedæg「Frige の日」（愛と美と豊穣の女神。北欧の
Frigg に相当）

**一方、土曜日はローマ神話の農耕の神サトゥルヌスにちなんだ名
称となっています。**
Saturday < OE Sæterndæg「Saturn の日」

また、日曜日と月曜日は、それぞれ太陽と月の日とされています。
Sunday < OE Sunnandæge「太陽の日」
Monday < OE Monandæg「月の日」

★ 英語の曜日の名称に、ゲルマン人の神々の名、ローマ神話の神の名、
そして太陽や月などが用いられているのはなぜか、曜日の名称の
成り立ちを調べてみるとよいでしょう。

3. alive

多くの形容詞とは異なり、alive「生きている」は、*alive man のよう
な形で名詞の前に置いて使うことは出来ません。それはなぜでしょう
か？ この語の語源を知れば、その理由が明らかになります。alive は古
英語期の on life という句に由来するもので、a- は、もともと前置詞 on
でした。前置詞句を名詞の前に置いて、*on life man というような言い
方は出来ませんが、on life が約まって alive となった後の時代にまで、
この感覚が留められているのです。前置詞 on に由来する a- を含む形容
詞、afloat「海上の、浮かんだ」、akin「類似した」、alike「よく似た」、
ashore「陸上の」などにも同じことが言えます。

[157]

★ life afloat「海上生活」、life ashore「陸上生活」とは言えますが、*afloat life や *ashore life とは言えません。

索引

A

affix 100

amelioration 113, 116, 118

American English 35, 47, 76, 108-111, 127, 130

analogy 39, 44

Angle 23-25

assimilation 52, 54

B

borrowing（loanword） 19

British English 35, 47, 76, 108-111

Britons 134

C

Candle in the Wind 28-30

The Chronicles of Narnia 32

compound 99

compounding（composition） 99, 101

content word 72

corpus 96, 122-123, 127, 130, 132

creole English 35

creolization 37

D

dative of interest 153

derivation 99, 101

derivative 102

diphthong 72

E

economy of effort 52-54

elision 72

English phonetics 71

etymological spelling 48-49

etymology 24, 106, 125

euphemism 116, 147

F

flap 74

flapping 74

foot 55, 57, 71

function word 72

G

glottal stop 74

glottis /4

Goidels 134

graduation 111

Great Vowel Shift 43-44

索引

H
Henry IV 118

I
i-mutation 55-57

inkhorn terms 48

Ireland 14, 133

i-umlaut 57

J
John, Elton 28-29

K
King James Version of the Bible 76

L
Lewis, C. S. 31-33

linguistic sciences 74

loan translation 77

loanword 19

long vowel 73

The Lord of the Rings 32

M
The Merchant of Venice 83-84, 90

metanalysis 50

metathesis 49

Middle English 81, 91, 105, 143

Modern English 81, 91, 132, 144

N

Norman Conquest 17, 91

O

Old English 43-44, 80, 91, 105-106, 143

Oxford English Dictionary (*OED*) 24, 67, 70, 93-95, 97-98, 103-105, 107, 114, 120, 122, 124, 126, 131

P

pejoration 113, 116, 118

phonetics 71, 74

pidgin English 35

Pilgrim Fathers 76

political correctness (PC) 61, 67-68

politically correct terms (PC Terms) 58, 61, 63, 67, 69, 148

prefix 100

Present-day English 80, 92, 144

President's English 47, 108

pun 25

索引

Q
quasi-complement 152

Queen's English 47, 108

R
Richard III 118

Rowling, J. K. 31

S
scope of negation 149

Scotland 133

Shakespeare, William 43, 76, 84, 90, 118, 121, 145

Shaw, George Bernard 76, 112

short vowel 73

silent letter 49

Sir Gawain and the Green Knight 34

sound laws 44

speech sound 71

spelling pronunciation 52

stress 71

strong form 72

suffix 100

syllable 71

synonym 14

T

tap 74

thesaurus 14, 16, 147

Tolkien, J. R. R. 31, 33, 97

V

variation 126

vocal cords（vocal folds）74

vowel reduction 72

W

Wales 133

weak form 72

weak vowel 72

Webster, Noah 77, 93, 108

word-formation 99

world Englishes 37

Wycliffite Bible 81

あ

i ウムラウト 57

i 母音変異 55-56

曖昧母音 58

アイルランド 13-14, 112, 134, 137, 139, 145

アメリカ英語 11, 35, 67, 71, 73-74, 76-79, 95, 108-112, 127, 131

アングル人 23-25, 133

索引

アングロ・サクソン人 14, 23, 91, 133, 135-136, 139

い

イギリス英語 11, 35, 67, 76-79, 108-109, 111-112, 130-131

異分析 50-51, 67

意味の下落 113, 115-116

意味の向上 116

インク壷用語 48

う

ウィクリフ派聖書 81

ウェールズ 13, 134-137, 140

ウェブスター，ノア 77, 95, 108

『ヴェニスの商人』 84

え

英語音声学 71, 75

婉曲表現 147-148

お

『オックスフォード英語辞典』 97-98

音位転換 49-50

音声 8, 55, 58, 63, 71, 74-75, 93

音声学 8, 55, 58, 63, 71, 74-75

音節 20, 56, 71-73

[165]

か

『ガウェイン卿と緑の騎士』 34

き

機能語 72-73, 91

脚 32, 71-72

強形 58, 72

強勢 55-56, 71-74

近代英語 11, 77, 80, 91, 122, 127

欽定訳聖書 76

く

屈折 64-66, 91

クレオール英語 10-11, 35-37

クレオール化 37

け

ケルト人 14, 34, 134

ゲルマン人 23, 25, 156-157

言語科学 74

現代英語 7, 10-11, 14-15, 20, 25, 42-43, 45-46, 61-62, 64-67, 81-82, 91-
92, 96-97, 99, 101, 106-107, 116, 121-122, 130, 132, 136-137, 144, 155

こ

ゴイデル人 134

合成語 22

後舌母音 55-56

古英語 11, 53, 56, 65-66, 80-81, 91, 99, 106, 114, 138-144, 156-157

コーパス 9, 96, 122, 126-127, 130-132

語形成 99-102, 147

語源 20, 24-25, 48-49, 51, 57, 97, 106-107, 142, 155-157

語源的つづり字 48-49

し

シェイクスピア，ウィリアム 76, 84, 86, 108, 118, 136

ジェンダー 61, 67

弱母音 72-73

借用語 7, 13-15, 19-20, 23, 45, 48, 91, 146

弱形 58, 63, 72-73

弱形発音 58

準補語 152

ショー，ジョージ・バーナード 46-47, 76, 112

ジョン，エルトン 29

す

スカンディナヴィア人 14

スコットランド 13, 134, 136-137, 141, 145

せ

声帯 8, 74

声門 74

声門閉鎖音 74

世界共通語 19, 23, 26-27, 29, 31, 35, 92, 103

接辞 100

接頭辞 100-101

接尾辞 67, 100-101

前舌母音 55-56

た

大母音推移 43-45

叩き音 74

脱落 54, 58, 72

短母音 73

ち

中英語 11, 45, 48, 65-66, 80, 91, 94, 122, 124, 143-144

中世英語英文学 33-34

長母音 43-44, 73

と

同化作用 52, 54

同義語 14

トールキン, J. R. R. 31-34, 97

な

内容語 72

『ナルニア国物語』32-33

[168]

索引

に
二重母音 45, 72

の
ノルマン人のイギリス征服 17-18, 91

は
弾き音 74
弾き音化 74
派生 23, 56, 99-102, 140
派生語 56, 102
『ハリー・ポッター』 31-33

ひ
ピジン英語 10-11, 35-38
否定の作用域 149
ピルグリム・ファーザーズ 76

ふ
ファンタジー文学 31-34, 97
複合 7, 22, 54, 99-101, 107, 143
複合語 22, 54, 99, 107, 143
フランス人 14, 18
ブリトン人 134-136

へ

変異 55-56, 126, 130

『ヘンリー四世』 118

ほ

母音弱化 72

母音変異 55-56

ポップ・ミュージック 27

翻訳借用 77

本来語 15, 17-20, 49, 143

ゆ

ユニオンフラッグ 13

『指輪物語』 32-33, 97

り

利害与格 153

『リチャード三世』 118

る

類義語 14-17

類語辞典 14, 16, 147-148

ルイス，C. S. 32-34

類推 39-42, 123-125

索引

れ

連合王国 14, 23

ろ

労力の節約 52-54

ローマ人 14, 134, 139, 141

ローリング，J. K. 31-32

[171]

参考書目

　本書において引用されたもの、また言及された関連事項について記述している研究書を中心に挙げておきます。

赤野一郎他編『英語教師のためのコーパス活用ガイド』東京：大修館書店、2014 年

　　現代英語のコーパス分析を英語教育に利用することを意図した入門書。コーパスの基本的な概念から、他書では見られない COCA や BNCWeb の使い方、またコンコーダンサー AntConc の使い方、インターネットでの表現検索などが学べます。英語教育に興味がなくても、コーパスの利用方法を簡単に学べます。

東照二『社会言語学 — 生きたことばのおもしろさにせまる』東京：研究社、1997 年

　　社会言語学全般について、分りやすく解説した一冊。

Baugh, Albert C. and Thomas Cable. *A History of the English Language*, 6th edition. 1935. Abingdon: Routledge, 2013.

　　本資料においても本書から引用している。世界の主要な大学において広く採用され、研究者はもとより院生、学生、さらには一般読者にも長く読まれ続けている概説書。複雑な英語の歴史を単純化することなく通時的に鳥瞰してみせながら世界共通語としての英語の将来をも展望。有用な資料が適宜引用され、諸所に著者の卓越した見解が見られる、英語史読本としては質量ともに最も充

実した内容の一冊。大学院進学希望者には必携の書。

クレィギー『アメリカ英語の発達』英語学ライブラリー（21）　（松本淳訳）　東京：研究社, 1958 年

OED の編者の一人である William Craigie が、歴史的な原理に基づく *A Dictionary of American English*（*DAE*）を編纂する際に、イギリス英語と異なるアメリカ英語の語彙的な特徴を説明したもの。

デイヴィッド・グラッドル『英語の未来』（山岸勝榮訳）東京：研究社、1999 年

英語の現状を、歴史、使用地域、使用人口、他の国際語との関係など、様々な角度から検討し、英語の未来を考えさせる刺激的な好書。なぜ今、英語を学ぶべきなのかという基本的な問いに改めて気づかせてくれ、現代の世界における英語の位置と状況について詳しく学ぶ者には有益。

ジェフリー・リーチ／ヤン・スヴァルトヴィック『現代英語文法—コミュニケーション編・新版』（池上惠子訳）東京：紀伊国屋書店、1997 年

多くの用例を活用し、話し言葉における文法に重点を置いた一書。実用の場での役に立つ文法知識がふんだんに提供されており、昨今の伝達能力重視の考え方に即した文法書。

堀田隆一『英語史で解きほぐす英語の誤解　納得して英語を学ぶために』東京：中央大学出版、2011 年

なぜ英語が世界語となり、そして英語の起源はどこなのかといった大きな問いから、英文法や英語の発音に関する素朴な疑問まで、英語の歴史からアプローチし、読者がより能動的に英語と向き合えるようになることを目指して書かれた一書。各章において、それぞれよく耳にする俗説や多くの人が曖昧なまま認識をしている英語についての重要事項を英語史から解き明かし、明快な答えを提供している。

家入葉子『ベーシック英語史』東京：ひつじ書房、2007 年

英語の通史を描くというよりは、英語史の中で英文法がどのように発達してきたかを文法項目ごとに概説するという英語史入門書。通読すれば、英語学で何が問題とされているのかを大まかに把握することができる。特に現代英文法に関心のある学生にとって有益な一冊。

池上嘉彦『英語の感覚・日本語の感覚 ― ＜ことばの意味＞ のしくみ』
東京：ＮＨＫブックス、2006 年

認知言語学の立場から、英語と日本語の比較を踏まえ、従来の文法書や辞書ではわからない、英語という言語がもつ豊穣な意味の世界を鮮やかに示してくれる。英語らしさ、日本語らしさといった言語の感覚を解説してくれる著者独自の言語観が見られ有用。

石原孝哉・市川仁・内田武彦『イギリス大聖堂・歴史の旅』東京：丸善、
2006 年

イギリスにキリスト教が伝来してから 1500 年の間の歴史と文化を色濃く残している大聖堂の数々をそこに纏わる人物や出来事に

[174]

ついての興味深いエピソードを交えながら解説する好書。大聖堂に寄せたイギリス人の信仰を通して、建物の構造と様式ばかりか、イギリスにおけるキリスト教変遷のあらましも辿ることができ、英語学・英語史の知識が補完される。

影山太郎『形態論と意味』東京：くろしお出版、1999 年

語の構造と意味との関係について、用例を用いながら解説したもので、形態論に関する基礎知識を学ぶには有用。

唐澤一友『多民族の国イギリス　4 つの切り口から英語史を知る』神奈川：春風社、2008 年

一般に「イギリス」と呼ばれている英国の、その成り立ちと多民族性について、わかりやすく解説された一冊。国旗や国名、民族の名前など、慣れ親しんだイギリスに関するものをきっかけに、ブリテン島の歴史が英語史・言語学的な観点から詳述されている。英国と英語の歴史的背景について基礎的な知識が得られる入門書としても最適。

唐澤一友『英語のルーツ』東京：春風社、2011 年

英語がインド・ヨーロッパ語系と呼ばれる数多くの言語の中の一言語であることや、英語が歴史の中でどのように発展していったのか、他言語との比較も通して、英語にまつわる数々の疑問を分かりやすく解説している。英語史を学びたい人のみならず、英語に関わる多くの人にとって、謎解き辞典の役割を果たしてくれる一書。

唐澤一友『世界の英語ができるまで』東京：亜紀書房、2016 年

ヨーロッパの片田舎に発した英語がイギリス全土に広まり、そこからさらにアメリカ、オセアニア、アフリカ、アジアへと広まってゆく過程で、どのように発展し、変化を遂げてきたかがまとめられている。

木村正史『英米人の姓名 ― 由来と史的背景』東京：弓書房、1980 年

英米人の姓名の由来と意味について、その歴史的・文化的な背景を詳述した一書。地名や人名に潜む様々な知見を理解することができる、わが国においては、この分野における唯一の学術書といってよい。

小林春美・佐々木正人編『子どもたちの言語獲得』東京：大修館書店、1997 年

語彙・音声・文法をいかにひとは獲得するのか、また障害児における言葉の発達について、多くの資料を提示しながら広角な視点から論じた入門解説書。

永嶋大典『*OED* を読む―『オックスフォード英語大辞典』案内』東京：大修館書店、1983 年

OED 編纂の歴史とそれにまつわるエピソードを紹介しながら、言葉の宝庫である *OED* の魅力を探る一書。いくつかの単語を例にとり、言語文化史の観点から興味深い内容の解説をおこなっており、表題にある通り、*OED* を利用する上での案内書としても読むことができる。

ピーター・ラディフォギッド『音声学概説』（竹林滋・牧野武彦訳）東京：大修館書店、1999 年

世界で広く用いられている一般音声学のテキストで、音声学全般について学ぶに最適。

パイルズ 『米語の成立』 英語学ライブラリー（40）（奥田夏子訳）東京：研究社、1959 年

Thomas Pyles が序文で断っているように、lay reader を対象としている。初期のアメリカ英語、Noah Webster、文体的特徴（誇大表現、誇張語、禁忌語）、現代のアメリカ英語の順に論じている。

Plag, Ingo. *Word-Formation in English.* Cambridge: Cambridge University Press, 2003.

英語における語彙の派生過程ならびに形態論の基礎概念を体系的に分析しながら、語彙形成の様々な側面を解説。英語の複合語構造とその生成について考えるヒントも得ることができる一書。

酒井邦嘉『言語の脳科学：脳はどのようにことばを生み出すか』東京：中央公論新社、2002 年

生成文法理論を基本的な枠組みとして、言語と脳の関連について分りやすい言葉で解説した入門書。

齊藤俊雄他編『英語コーパス言語学：基礎と実践』第二版 . 東京：研究社、2005 年

赤野他編（2014）より高度だが、コーパス言語学を学ぶには必須の書籍。コーパス自体の問題、統計の情報や、コーパスに基づく語彙・

文法・英語史・文体論の研究や、電子版の *OED* の利用方法などが学ぶことができる。

Schmitt, Norbert and Richard Marsden. *Why Is English Like That? : Historical Answers to Hard ELT Questions.* Ann Arbor: University of Michigan Press, 2006.

英語教師のために、現代英語に関する素朴な疑問を英語史の観点から解決するという趣向を凝らした一書。歴史を知ることで現代英語をより深く理解するという本書の目的にも適っており、関心のある章を読むだけでも、相当な知識が補完され有用。随所にクイズが設けられており、興味深く読み進められる。

Smith, Jeremy. *An Historical Study of English: Function, Form and Change.* London: Routledge, 1996.

「言語は変化する」という事実を、英語における具体的な例を挙げて説明しており、特に、音声・書記方法・語彙・文法と変化の範囲を分けることで、読者に理解しやすい構成となっている。英語の変化について、さまざまな切り口による方法論を学ぶこともでき、大学院進学希望者には必読書。

田島松二『コンピュータ・コーパス利用による現代英語語法研究』東京：開文社、1995 年

現代英語の変異のある語法（aim at doing と aim to do など）を、コーパスを利用し史的観点に基づき分析した良書。使用コーパスが現代の規模から考えると小さいという欠点はありますが、調査項目を自分で再調査すれば、語法・コーパス利用の理解が深められ、

参考書目

研究方法も学べます。

**田中春美・田中幸子編『World Englishes―世界の英語への招待』東京：
集英社、2012 年**

世界の様々な地域における英語を実にわかりやすく紹介している。
また、その歴史、文化、習慣と、特徴的な発音・語彙・文法につ
いての解説は、とてもわかりやすく有益。練習問題と参考文献も
あり、異文化理解の一助となるテキスト。

**唐須教光『バイリンガルの子供たち』（丸善ライブラリー）東京：丸善、
1993 年**

３人の子供たちがバイリンガルに成長していく過程を大学教授で
ある父親が記録した一書。言語学者の父親に連れられて渡米し、
帰国した後もインターナショナル・スクールに通いながら、帰国
子女がいかにしてバイリンガルになったのかについての興味深い
体験記。また日米教育比較論としても読めます。

**寺澤盾『英語の歴史―過去から未来への物語』東京：中央公論新社、
2008 年**

英語の約 1500 年の歴史を、そのルーツから現在、そして未来の展
望まで広く扱っており、現代英語にまつわる「なぜ？」を英語史
の観点からわかりやすく解説してくれます。また、随所に引用さ
れている写真や図表、コラムも有用。

**外山滋比古『英語辞書の使い方』（ジュニア新書）東京：岩波書店、
1983 年**

[179]

辞書の選び方や使い方、さらには英語辞書の紹介など、英語辞書に関する幅広い話題が、3部構成でわかりやすく紹介されている実用的な辞書解説書。辞書を使いこなすための著者の経験に基づくアドバイスは、今もって有用。

Trudgill, Peter. *The Dialects of England*, 2nd ed. Malden: Blackwell, 1990.
わかりやすい英語と地図による視覚情報が多く、また歴史的な観点からの現代イギリスの方言について詳細な記述もあります。130頁ほどの小書ながら、Cockney から Estuary English という最近の方言に関する説明もあり、方言に興味がある者には必読書。

Wilkinson, Hugh E. *The How and Why of English*. 2nd ed. Tokyo: Kenkyusha, 1977.
VI 章、economy of efforts の項で引用されている本書からの抜粋からもわかるように、その解説は的確な用例により実に明快。英語史の視点から、著者がおこなう現代英語への詳細な分析も有益。

若田部博哉『英語史 IIIB』英語学大系 第 10 巻 東京：大修館、1985 年
「英語学大系」の一巻として、アメリカ英語の歴史的な背景を、発音、北・中・南部と語彙、文法・語法、つづり字法、語彙の各方面からたどろうとするものです。

執筆者紹介

菊池清明	立教大学教授	言語文化学博士（大阪大学）
谷明信	兵庫教育大学教授	Ph.D.（グラスゴー大学）
尾崎久男	大阪大学准教授	英語学博士（関西外国語大学）
新川清治	白鷗大学教授	文学博士（上智大学）
唐澤一友	駒澤大学教授	文学博士（上智大学）
堀田隆一	慶應義塾大学教授	Ph.D.（グラスゴー大学）
小池剛史	大東文化大学准教授	Ph.D.（エディンバラ大学）
南條健助	桃山学院大学准教授	
福田一貴	駒澤大学専任講師	
貝塚泰幸	首都大学東京兼任講師	
岡本広毅	立命館大学准教授	文学博士（立教大学）

小笠原清香	立教大学大学院博士後期課程
玉川明日美	立教大学大学院博士後期課程
濱田里美	立教大学大学院博士後期課程
小河舜	立教大学大学院博士前期課程

英語学：現代英語をより深く知るために
——世界共通語の諸相と未来

2016 年 4 月 27 日　初版発行

編者　**菊池 清明**

著者　谷明信・尾崎久男・新川清治・唐澤一友

　　　堀田隆一・小池剛史・南條健助・福田一貴

　　　貝塚泰幸・岡本広毅・小笠原清香

　　　玉川明日美・濱田里美・小河舜

発行者　三浦衛

発行所　**春風社** *Shumpusha Publishing Co.,Ltd.*

　　　横浜市西区紅葉ヶ丘 53　横浜市教育会館 3 階
　　　〈電話〉045-261-3168　〈FAX〉045-261-3169
　　　〈振替〉00200-1-37524
　　　http://www.shumpu.com　✉ info@shumpu.com

印刷・製本　シナノ書籍印刷株式会社

乱丁・落丁本は送料小社負担でお取り替えいたします。
©Kiyoaki Kikuchi. All Rights Reserved.Printed in Japan.
ISBN 978-4-86110-513-5 C0082 ¥1400E